ますか、
朝鮮学校

朴 三 石

岩波ブックレット No. 846

はじめに

最近、日本の大学や市民セミナーやラジオなどで「朝鮮学校と日本社会」にかんする話をする機会があった。そこで感じたことは、高校無償化の朝鮮学校への適用問題などで、朝鮮学校に強い関心が向けられており、朝鮮学校とはどのような学校なのかについてもっと知りたいという人たちが増えているということであった。いっぽう、朝鮮学校について、誤解を招くような情報、偏見をあおるような主張のネットの書き込みも少なくない。

関東地域のある大学で、法学部の学生たちに「朝鮮学校と日本社会」について、高校無償化問題と結びつけて話す機会があり、さまざまな率直な意見を知ることになった。なかには、「おそらく私がこの講義を聴くまではそうであったように、少なからず朝鮮学校について誤解している人がいると思うので、もっとたくさんの人に今回の話を聞いてもらいたいと思った」という感想があった。また「今までの朝鮮学校や在日朝鮮人の人たちへの考え方が、とても狭い視野によるものであったと感じた」という感想もあった。私が話したことは特別のことではないと思うが、人が正確な判断を得るためにはまず事実を「知ること」が何よりも大切であることを確認できた。

私のこれらの体験から、朝鮮学校についての関心や興味はあるものの知識がないとか、実際に行ったことがないという人たちのために、朝鮮学校についてさまざまな角度から述べてみたい。先の講義をもとに、このブックレットは、つぎのような五つの内容で構成した。

第一に、朝鮮学校や在日朝鮮人にかんする日本の大学生の素直な感想、意見を紹介することにしたい。そのなかに朝鮮学校を正確に知るための論点が示されていると思うからである。そこには普通の日本人がもちやすい印象や感覚、情報の特徴も反映されていると思う。

第二に、朝鮮学校とはどのようなところなのかを知るために、生徒たちの学校生活のさまざまな様子を紹介することにしたい。

第三に、そもそも近代において朝鮮人がなぜ日本で暮らすようになったのか、なぜ日本に朝鮮学校があり、なぜ子どもたちは日本の学校に通わず、あえて朝鮮学校に通うのか、などについて述べたい。

第四に、教科書から朝鮮学校を知るという視点から、朝鮮学校で使われている教科書の内容と特徴について述べたい。

第五に、朝鮮学校は日本社会にとってどのような存在であるのかについて述べたい。このなかで朝鮮学校の生徒や親たちや教師たちが、日本社会と日本人の皆さんに何を訴えたいと考えているのかということについて紹介したい。

このブックレットが、今まで朝鮮学校についてあまり知らなかった、あるいは知る機会がなかったという大学生や高校生、先生方など多くの日本人の皆さんの参考になれば幸いである。なお、本書の内容については、すべて筆者の責任においてまとめたものであることを付記しておきたい。

1　事実を知ることの大切さ
——学生の感想から考える

「朝鮮学校がなぜ日本にあるのかを知りませんでした」

関東地域のある大学で、「朝鮮学校と日本社会」というテーマで高校無償化の適用問題と結びつけて話したとき、学生たちに簡単なレポートを書いてもらった。受講したのは、法学部三年生を主とした一一〇名であった。レポートに書かれた内容を整理してみたところ、この講義を通じて理解を深めることで、朝鮮学校にたいし無償化の対象にすべきという考えに変わった、という学生は四八名(四四%)であった。講義を聴く前から朝鮮学校を無償化の対象とするべきだと考えていた学生が五七名(五二%)、講義のあとも高校無償化の適用に反対だという学生が四名(四%)であった。

これらのレポートでは、朝鮮学校を正確に知るための論点やまだよく知られていない点などが表明されていた。そこには、大学生のみならず、普通の日本人がもちやすい印象や感覚、情報の特徴も反映されているように感じた。

ある学生は、つぎのように書いた。「今回の話を聞いて今まで知らなかったことを知ることができました。朝鮮学校という学校がどのような学校かを知りました。私は、朝鮮学校がなぜ日本にあるのかということを知りませんでした。高校無償化のことで、日本政府は朝鮮学校生徒の権利を保障しなくてはいけないと強く思いました。おそらく私がそうであったように、少なからず朝鮮学校について誤解している人がいると思うので、もっとたくさんの人に今回の話を聞いてもらいたいと思いました」。

朝鮮高級学校(高校)での授業の様子(提供＝イオ)

またある学生は、つぎのように書いていた。「私は朝鮮高校が無償化の対象外になったという点にかんして、拉致問題などで朝鮮にたいして良い印象をもっていない人も多いので、仕方ないのかなあ、という程度にしか思っていませんでした。

しかし、今回、朴先生のお話を聞いて、その考えが変わりました。朝鮮学校に通っているといっても、ずっと日本にいる子どもたちで日本人に何か言われる理由はまるでないということ。そう考えると日本の「無償化対象外にする」という行為は大変ひどいものであると感じました。他の外国人学校はよくて朝鮮学校はダメというのは完全に差別であるし、それをしたところで傷つくのは学校に通う子どもたちとその家族だけです。何もしていない人たちが傷つくのは、絶対に良くないことだと思いました」。

「朝鮮人が日本に暮らすようになった理由を知って理解できた」

ある学生は、つぎのように書いた。「今回の講義を聞いて今までの朝鮮学校や在日朝鮮人の人たちへの考え方がとても狭い視野によるものであったと感じました。高校無償化制度の朝鮮学校への適用が問題になったとき、正直、適用しなくて良いのでないかと考えました。理由は、朝鮮による拉致問題など大きな問題が多々あるという点です。

しかし、在日朝鮮人が日本で暮らすようになった理由が植民地支配の結果、移住させられたこと、税金も免除されているわけではないことなど、実態の説明を聞き、自分があまりに狭い視野で判断していたことを痛感しました。教育問題に政治的な干渉があってはならないということも一理あると感じました。

私は今回の話を聞き、在日朝鮮人問題だけでなく、物事を考えるときは、一面的な情報だけで判断するのではなく、できるだけ多くの、そして多面的な情報を集めて分析した上で判断していくようにし、感情のみで判断しないようにしていきたいと感じました」。

また他の学生は、つぎのように述べていた。「まず朴さんの話を聞いて、自分は在日朝鮮人にたいして偏見をもっていたんだ、と感じた。在日朝鮮人と聞いてあまりよくないというイメージをもっていたが、なぜ朝鮮人が日本で暮らすようになったのか、過去に日本は朝鮮にどんなことをしてきたのかを理解すれば、それはなくなる。また理解しなくてはならないと思った。

在日朝鮮人（特に日本で生まれた世代）がなぜ、わざわざ朝鮮学校に行くのだろうと今まで疑問に思っていた。朝鮮語と日本語で、同じ意味の言葉でも、朝鮮人にとって母国語を使うことは、感情的に大きく違ってくるということを聞いてとても納得した。

高校無償化について、全外国人学校のうち、朝鮮学校のみ除外されたことについては、本当に差別だと感じた。朝鮮学校ができた経緯、朝鮮人が日本で暮らすようになった経緯などを考えれば、むしろ優先して保護しなくてはならないのではないか」。

「誤った情報や自分の感情で判断していたことに気づいた」

また、ある学生は、つぎのように書いている。「在日朝鮮人については、良いイメージがあまりありませんでした。理由としては、報道などで、朝鮮人の報道になると悪いことで報道されることが多いからです。しかし、話を聞いていて、友好関係を築こうとする人もいることに気づかされました。国柄や誤った情報で、在日朝鮮人にたいして自分の感情で勝手に判断していたことがなさけなくなりました。

日本と朝鮮とは仲が良くないイメージがありましたが、昔から考えてみたら、確かに友好関係があった期間の方が永く、これからはもっと在日朝鮮人に限らず様々な国の人たちと友好関係を築いてほしいと思います。

ただ、日本人が在日の人たちを差別しているのではなく、知らないから恐ろしいということで近寄らないという日本人が多いのではないでしょうか。もっともっと互いを知ることのできる機

ラグビーの交流試合後に写真におさまる朝鮮高級学校生と日本の高校生たち(提供＝イオ)

会があったりしても良いのではないかと思います」。

ある学生は、つぎのように記している。「恥ずかしいことに僕も日本は借金があるのになぜ、外国の人たちの学校まで高校無償化の対象にするのかと思っていた一人なのである。一度、日本人の集団が朝鮮学校などに文句というか罵声を浴びせている映像をYOUTUBEか何かで見たが、今日のお話を聞いて本当に恥ずかしいことなのだと痛感した。

僕は、今日、何か行動を起こす前であったり、何か意見をいう前には、きちんと相手の意見や境遇の状況や考え方をもっと理解した上で、行動するのが大切であることを学べた気がする。そうすることで結果は全く違うものになるのが分かったのだから在日朝鮮人のことは理解できた」。

「在日朝鮮人や朝鮮学校への知識が乏しい」

ある学生は、つぎのように書いていた。「今回の講義を聴いて思ったことは、「私は在日朝鮮人のことを何ひとつとして知らないんだなあ」ということでした。聴くこと聴くことが知らないことばかりで驚いてしまいました。

なぜ私は驚いたのか。それは日常で在日朝鮮人の方と接することは今まで一度も無かったし、朝鮮学校を見たこともなかったからだと思います。

朝鮮学校に通っている方々が高校無償化制度の恩恵を受けられないのはおかしいと思います。今は再開に向けて動いていると聴いて少し安心していますが、今後どうなるのか分からないので、しっかり目を向け続けて見守っていきたいと私は思いました」。

またある学生は、つぎのように記していた。「私たちの身の回りでも、在日朝鮮人と聞いて良い印象をもっている人はあまり多くないだろう。まず、在日朝鮮人にたいする知識が乏しいのではないか。私も今回の講義を受けるまでは在日朝鮮人についての知識はほとんどもっていなかった。まず、私たち自身がこの問題に興味を示し、自らが調べようとしなければ、知識を得る機会は少ない。そこで日本の学校と朝鮮学校の学校間での交流などを通じて、より多くの人に在日朝鮮人という人たちへの理解を深めてもらうことが大切であるのではないか」。

なお、朝鮮学校への高校無償化の適用には反対だと考える学生の意見も紹介しておきたい。

ある学生は、つぎのように書いていた。「朝鮮高校を全て無償化にするというのは、民意からみても、非常に厳しいものがあると思われる。現代の日本で、在日朝鮮人が不満のない学校生活を送りたいなら、日本に帰化する必要性がある。それが嫌なら、せめて朝鮮学校の反日教育を止めるべきである」。

またある学生は、つぎのように記していた。「やはり、社会的な背景からも、竹島問題などもありますし、朝鮮学校のみ、無償化されてないと言われても、どうしようもできない気がしました。逆に子どもへの「いじめだ」とも言っておられましたが、やはり社会的にも問題がある以上、適用基準を満たしていても、だめだと思いました。社会的な問題を解決できた上での問題だと思います」。

またある学生は、つぎのように書いた。「まずは正しい教育を取り入れて、日本と朝鮮の国交の改善を図っていかなければならない。朝鮮人の反日感情から、日本人も在日にたいしての反感や無償化の反対を訴える人々も多いはずである。日本で教育をすることにたいしては良いとして、反日感情を増幅させるような教育ではなく、友好を築いていけるようなものにできれば、互いを受け入れることができるはずである」。

事実を知ることの大切さを痛感

大学生のレポートを読んで私が驚いたのは、講義で特別な話をしたわけでもなく、朝鮮学校や在日朝鮮人の由来や現状、実態にかんして基本的な事実を述べたにすぎないのに、これだけのさまざまな反応を受け取ることができたことである。

「聴くこと聴くことが知らないことばかりで驚いた」「自分が偏見をもっていたことがわかった」「狭い視野から考えていたことがわかった」「一面的な情報や感情のみで判断していたことがわかった」などの率直な言及があった。そのいっぽうで、「在日朝鮮人が不満のない学校生活を送りたいなら、日本に帰化する必要がある。それが嫌なら、せめて反日教育をやめるべきである」とする意見もあった。

このような反応から、私は「事実を知ること」の大切さを改めて痛感した。正確な事実を知ることは、いかなる場合でも正確な判断の前提となるものだが、とりわけ朝鮮学校や在日朝鮮人などについては、実際に話をしたり、朝鮮学校を訪問する機会など、ほとんどないという一般の日本人にとっては、より大切なことだと考える。

さらに、朝鮮学校にかんする誤解を招く情報が少なくない場合には、とくに必要であると考える。そうでなければ、それらの情報に振り回されることになるからである。

以下では、大学生のレポートのなかで示されているいくつかの論点にもとづいて、朝鮮学校について知るために欠かせないこと、あるいは理解をさらに深める上で重要だと思われる基本的な事実や情報について詳しく述べていくことにしたい。

2　朝鮮学校で学ぶ生徒たち
――日本の学校・地域社会との交流

映画の「パッチギ！」や「GO」のイメージをもっている人たちが少なくない

朝鮮学校に通う生徒たちの日常の学校生活が紹介されることは稀である。テレビなどではニュースとしての扱いの場合は時間が限られているので特定のテーマのみに焦点が合わされ、全体の学校生活が紹介されることは少ない。私が日本のいくつかの大学の学生に朝鮮学校について話し、レポートや感想文を書いてもらって分かったことは、意外にも映画の「パッチギ！」や「GO」で描かれている朝鮮学校の生徒のイメージが強く残っていることであった。これらの映画の一部分で描かれている朝鮮学校の生徒と日本の生徒との喧嘩やいがみ合いの場面は一九六〇～七〇年代、つまり三〇～四〇年前の様子を描いたものだと思われるが、それがそのまま現在でも続いているように思っている学生が思いのほか多いのには驚いた。

知る機会がなく、在日朝鮮人と接したこともなく、話したこともない人たちが朝鮮学校へのイメージをそれらの映画場面を通じて類推する場合もありうるかもしれない。しかし、すでに三〇～四〇年前のイメージで現在の朝鮮学校が見られているというのは、ある意味、大変な誤解を招くことにつながる。それでなくても朝鮮学校にたいして「反日教育をおこなっている」というような情報や誤解があるなかで、朝鮮学校生徒と日本人生徒の喧嘩や対立している情景がイメージされることは認識を大きく誤らせることにつながるといえる。

一般的に学校へのイメージは、自分が通った当時を思い浮かべ、現在でも大体そうだろうと類推する場合が多い。自分が学生だった時代の朝鮮学校のイメージをそれとなしに現在の若者にも投影することで、実像とかけ離れた朝鮮学校像が一人歩きする可能性もある。そこで、ここでは、現在の朝鮮学校について生徒たちの学校生活のさまざまな様子を紹介したい。

通学の様子と生徒たちの構成

朝鮮学校に通う生徒たちの一日は、どのようにはじまるのだろうか。学校に通うとなるとまずは、登校である。日本の小学校の子どもたちの登校風景とちがって、朝鮮学校の子どもたちは、バスや電車で通うことが多い。それは、学校数が限られているので、おのずと学校への通学距離が遠くなるからである。日本の公立小学校の場合は一〇分程度で学校に到着できるケースが多いが、朝鮮初級学校(日本の小学校に当たる)の子どもたちは、一時間の通学時間もめずらしくない。中級学校(日本の中学校に当たる)や高級学校(日本の高校に当たる)になると、通学時間がよりかかる場合もある。

学校への通学手段としてはスクールバスもあるが、電車やバスなどの公共交通機関を使う場合の方が多い。インターナショナル・スクールなどは、ほとんどがスクールバスであるという。大使館員や駐在員などの子どもが多く、セキュリティに大きな配慮をしているためという説明を、

スクールバスで朝鮮幼稚園に登園する子どもたち(提供＝イオ)

それらの学校の先生たちから聴いたことがある。それに比べると、朝鮮学校の生徒たちは日本人と日常的に接しており、日本社会に溶け込んでいるともいえる。

ちなみに、朝鮮学校のスクールバスの運転手として二二年間にわたって送迎を担当した日本人がいる。北九州朝鮮初級学校の通学バスの運転手であった久保さんである。久保さんは、最初は短期間だったらということで了承したものの、「毎朝、子どもたちの元気な笑顔を見るとやめられなくなって、自分がいなくなったら誰がこの子たちの面倒をみるんだろう、そんな気持ちにさせられてね。久しぶりに会う卒業生たちのたくましくなった姿を見るとうれしくなる」「北九州初級、九州中高級学校の先生のなかにも、初級部の頃にバスに乗せた子がたくさんいる。先生になって母校へ帰ってきた姿を見るととても微笑ましくなる。これがバスの運転手をやめられない理由です」と語っている。

朝鮮学校の授業開始時間は、日本の学校に比べ、若干、遅い。それは通学時間が長いのでそれを考慮してのことである。なお、通学時間が数時間では足りないところでは、寄宿舎が設けられている学校もある。なかには、初級学校の一年から親元を離れて学ぶ子どもたちもいる。親たちにとっては、涙ながらの一大決心であるのだが、それでも朝鮮学校での教育を受けさせることを優先して子どもを学校にあずける保護者たちも少なくない。生徒のなかには、初級学校から大学校まで、一六年間を学校寄宿舎で過ごす子どもたちもいる。もちろん、季節ごとの休み期間や休日に家に帰るという配慮はなされているが、一六年間を学校寄宿舎で過ごした学生が卒業式後の祝賀会で朗読する親への手紙には、いつも目頭が熱くなる。

朝鮮学校の最初の行事である入学式は、生徒たちにとって重要な行事である。新入生たちは、学校の児童・生徒たちの熱烈な歓迎を受けて入学式に参加する。朝鮮学校は初級学校と中級学校が一貫している初中級学校が多いので、中学生のお兄さんやお姉さんたちの歓迎も受けることになる。入学式では校長先生の挨拶などがあり、新入生が事前に教えてもらった片言の朝鮮語で「一生懸命に勉強します」というようなことを男女でいっしょに述べる場面がある。保護者たちは、ほがらかな笑みを浮かべながら、子どもたちの新たな出発を誇らしげに見守っている。子どもたちは、教室に分かれ教科書をもらう。手に取りながら、新品のランドセルに入れる。学校生活で注意すべき基本的なことについて、先生が日本語で話す。朝鮮初級学校の新入生のなかで、入学式までに朝鮮語を知っている子は、朝鮮幼稚園に通った子ぐらいである。ほとんどがここではじめて朝鮮語を学ぶことになる。

なお、朝鮮学校に通う生徒たちの外国人登録(二〇一二年七月九日から外国人登録法は廃止となり、新たな在留管理制度の施行によって、外国人住民も住民基本台帳制度の対象となった)上の国籍欄は、

「朝鮮」と表示された子どもたちと、「韓国」と表示された子どもたちが、それぞれ約半数を占めている。日本国籍となっている子どもたちも若干いる。親が国際結婚している場合などである。世代構成では、朝鮮学校の初級学校と中級学校の生徒たちは在日朝鮮人四世が主であり、高級学校生以上は三世が主である。現在の朝鮮学校では、三世・四世への教育がおこなわれているのである。

朝鮮学校の由来を知れば明らかなように、朝鮮学校の生徒のなかに、朝鮮民主主義人民共和国（朝鮮または「北」とする場合もある）から来て学んでいる子どもは皆無である。ただし、大韓民国（韓国または「南」とする場合もある）から来て日本に長期滞在している韓国人が、近くに韓国学校がなくて朝鮮学校で学ぶという子は、稀ではあるがいる。もちろん、今後、朝鮮と日本が国交を正常化し、日本で働く朝鮮の人びとの子どもたちが朝鮮学校に通うということは可能性としてはありうる。

授業を受ける生徒たちと教える先生たち

朝鮮学校の教室は、日本の学校と同じようなイメージといってよい。ちがうのは、教室内に掲示されている時間割りが朝鮮語で書かれていたり、掃除当番や予定表などの表記が朝鮮語であることである。ランドセルなどを置くボックスなどにあるネームプレートにも、生徒らの本名が朝鮮語で書かれている。

朝鮮学校での初級学校生の授業を念頭におきながら、その様子を紹介したい。授業は四五分で

「理科」の授業時間に実験をする朝鮮初級学校生(提供＝イオ)

ある(中級学校や高級学校も同様)。授業間の休み時間が一〇分であることは、日本の小学校などと同じである。朝鮮学校の総授業時数は、日本の学校に比べ多い。たとえば朝鮮初中級学校の総授業時数は、八五五二時間(初級学校が五四〇二時間、中級学校が三一五〇時間)であり、日本の小・中学校の八三〇七時間(小学校が五三六七時間、中学校が二九四〇時間)と比べると二四五時間多い(ただし日本の中学校の一時限は五〇分)。授業時数が多くなる主な理由は、初級学校一年から高級学校三年まで一貫して朝鮮語と日本語の両方の言語を学ぶからである。その過程で、無理なく二言語使用者(バイリンガル)に育つことになる。朝鮮語と日本語を自由自在に使えるのである。

　授業科目の「日本語」以外は、朝鮮語で授業が進められる。他の科目の内容も朝鮮語で学ぶので、「算数」や「理科」なども朝鮮語で考え、理解することになる。このように特定の言語でほとんどの教科内容を勉強することをイマージョン教育という。イマージョンとは、「どっぷりとつかる」という意味であり、「没入法」とも呼ばれている。朝鮮学校が初級学校から高級学校まで、もちろん大学校まで進む学生は大学校までイマージョン教育を受けることによって、高い朝鮮語能力をもつことになるのである。朝鮮語と日本語の言語能力によって、同時通訳や翻訳を十分にこなせる水準になる。朝鮮語は母音と子音が多いので、英語の発音を正確に表現できるという利点もある。三カ国語を話せるトライリンガルになる学生も稀ではない。

朝鮮学校で学ぶ生徒たちは、同胞である朝鮮人教師から学んでいる。朝鮮初級学校の授業を参観した日本人教師に感想を聞いたところ、「教師と児童との距離間が大変近く、生徒たちが先生を慕っている感じがよくわかる」と話していた。私は、日本の公立小学校に通っていたこともあるが、在日同胞としての親しみや激励というものが朝鮮学校には強くあるように感じた。

朝鮮学校の先生たちは、ほとんど在日朝鮮人である（朝鮮大学校などには、日本人など外国人の非常勤講師もいる）。また、朝鮮学校には朝鮮の本国から来ている先生はいない。日本で生まれ育ち、朝鮮大学校を卒業した人たちが主である。朝鮮高級学校を卒業して日本の大学を卒業後、朝鮮学校の教師になった人もいる。だから、在日朝鮮人としての境遇や思い、難しさや分かりづらいことなどを十分に承知して、生徒たちの水準に合わせて教科内容を教えられるのである。なお、朝鮮大学校出身の先生たちの教員資格は、日本の教員資格とは別の独自のものとなっているが、ほとんどそれに準ずるものである。

北海道朝鮮初中高級学校のように、日本の学校の教員との交換授業の実践をおこなっているところもある。たとえば「水の授業」と題し、日頃、私たちがどれだけ水を利用しているのかを実際にペットボトルを使って表現し、その水が途上国でどれだけ貴重なものとなっているのかをわかりやすく教えた先生や、一三年間かけて朝鮮語を学び朝鮮語で英語の授業をおこなった先生、自身の教え子とともに国際交流体験を語ってくれた先生など、日本の学校の教員による特色ある特別授業は、生徒たちに多くの刺激と感動を与えた。授業後に朝鮮学校の教師と日本の学校の教師との懇談会が開かれたが、ある日本人教師は「自分の大切な宝ものを書くようにと言った時、多くの生徒が「学校」と書き、学校の良いところを書くように言ったら「先生」と書く子が多かった」と印象を語った。

学校内でのことば、休み時間と昼食

朝鮮学校の生徒は、学校生活のなかで朝鮮語を意識的に使っている。朝鮮初級学校に入るまではまったくといって朝鮮語を使えない子どもたちでも、一年ほどすると日常用語の朝鮮語は使えるほどに上達する。朝鮮学校に入るまでに知っていることばといえば、「アッパ」(「父」の幼児語)、「オンマ」(「母」の幼児語)ぐらいである。在日朝鮮人の家庭でも、日本語を主な生活言語としている家庭がほとんどである。親たちも二世・三世で、朝鮮語を話せない人たちの方が多い。それゆえ、親たちも子どもに朝鮮語を学ばせるには家庭教育では無理であり、朝鮮学校で学ばせるのが一番よいと考えている。

朝鮮学校の初中級学校では、とくに知らない単語を覚えるための努力など、学校をあげて朝鮮語使用運動を展開している。高級学校の生徒たちまで含めて、全体として朝鮮学校の生徒たちは、学校では基本的には朝鮮語を使い、家庭では主に日本語を使うというのが実態である。

昼食の時間に弁当を食べる朝鮮初級学校の子どもたち
(提供＝イオ)

学校内では、生徒同士の名前も朝鮮語で呼び合う。たとえば「金美香」という名前だと「きん・みか」とは呼ばず、「キム・ミヒャン」と朝鮮語の読み方で呼ぶ。いっぽう、日本の学校に通っている在日朝鮮人の子どもたちは約三万人であり、その比率は全体の約七割にのぼるが、そのなかの約九〇％が本名を名乗ることなく、「金本」「金田」などと通名を名乗っている。これは、朝鮮学校に通う在日朝鮮人生徒と日本の学校に通う朝鮮人生徒との大きなちがいであるといえる。

朝鮮学校の生徒たちも、授業の間の休み時間にドッチボールや縄跳び、ジャンケンなどの遊びをしている。朝鮮学校の生徒たちのジャンケンは、日本のグー、チョキ、パーとは言わず、トル(石)、カー(カウィの略でハサミという意味)、ポー(ポジャギの略で風呂敷の意味)と呼ぶ。

日本の公立小学校であれば、昼は給食の時間となるが、朝鮮学校には給食はない。朝鮮学校が各種学校であり、学校給食法の対象となっていないからである。朝鮮学校の生徒たちの昼食は、ほとんどが弁当かパンである。母親たちが、月一回、一日給食の日を設け、準備をし、朝鮮食の食事をとれるように配慮している学校もある。高級学校では食堂があって、ピビンパ（まぜご飯）やクッパ（スープとご飯を組み合わせたもの）などが食べられる学校もある。

朝鮮中級学校を卒業する生徒たちの卒業文集のメッセージ欄に載っている、親へのことばで最も多いのが「九年間、お弁当を作ってくれてありがとう」という感謝の言葉である。母親たちは大変な思いをしながらも、子どもたちの成長を願って、毎日の弁当を準備しているのである。

ちなみに、大阪の堺朝鮮初級学校での保護者たちによる週一回の「給食の日」の実施を支援するために、二〇〇〇年からこの学校が他校と統合するまでの約四年間にわたって一カ月、一口、一〇〇〇円の寄付をあつめる運動を展開した日本人がいたことも紹介しておきたい。大阪府下の「堺ハッキョ（学校）の会」の支援である。この会の代表の渡邉さんは、「朝鮮学校には給食補助もない。根本的には市が処遇を改善すべきだが、待ってばかりはいられないと支援をはじめた。今後、さらに運動の輪を広げ、給食の日も週二、三回に増やしていきたい」と述べていた。

放課後の部活と全国大会や各種コンクールへの参加

朝鮮学校の生徒たちは、授業を終えた放課後に、日本学校の生徒たちと同様に部活に励んでいる。朝鮮初中級学校の部活では、男子ではサッカーが最も人気があり、女子では民族舞踊が人気である。高級学校になるとその種類はさらに増える。男子ではラグビー、ボクシング、軟式野球、柔道などがある。女子では、民族舞踊、コーラス、口演（朝鮮語の弁論や話術）、テニス、新体操などがある。男女共通のものでは、吹奏楽、民族器楽、美術、バレーボール、バスケットボール、空手、テコンドー、卓球、陸上などがある。朝鮮学校でサッカーが人気が高いのは、朝鮮学校出身のプロ選手が多く活躍しているということもあるが、運動場が狭いため、野球などのように広いスペースを使わなくても済むという面もある。

舞踊は民族舞踊であるが、そのレベルは大変高いものである。朝鮮学校の特色の一つであるが、専門舞踊教室に行かなくとも、ハイレベルの朝鮮舞踊を習うことができることも人気の一つとなっている。それは、朝鮮人としての民族的な素養と自覚を養い、朝鮮の民族衣装をこよなく愛する子どもたちが育つ、一つの背景となっている。民族のチャンダン（歌曲などの拍子）を知り、朝鮮の踊りの雰囲気をつかんでいる子どもたちの舞踊発表会で、親たちは拍手喝采を送っている。親たちの強い関心のもと、地方別競演大会や中央競演大会が熱気のなかで開催されている。

朝鮮学校の生徒たちの部活での高いモチベーションを支えているものは、全国大会出場という目標である。全国の朝鮮学校が参加する中央大会があり、そこに参加し優秀な成績をあげることが一つの目標となっている。日本のインターハイや高校選手権大会、各種目の関東大学リーグへの参加なども、生徒たちや学生たちの日々の努力を大きく励ますものとなっている。

ちなみに朝鮮高級学校の生徒たちがインターハイに参加できるようになったのは、一九九四年からである。一九九〇年に大阪朝鮮高級学校の女子バレーボール部が府大会に参加し勝ち進んでいた途中で、朝鮮学校が各種学校であることを理由に、大会出場停止処分がくだされるという出来事が生じた。このことが社会的に関心をあつめ、それがきっかけとなり、生徒や親、教師をはじめとする在日朝鮮人、日本の高校生や全国の広範な日本人の支持と支援によってインターハイ参加が可能となった。

近年、大阪朝鮮高級学校のラグビー部が三年連続で全国大会に出場し、二回連続の準優勝を飾ったのはよく知られていることである。大阪朝鮮高級学校は、サッカーの全国大会でベスト8に進出したこともある。朝鮮学校の生徒たちは、吹奏楽やコーラスなどで日本の各種コンクールに参加し、日本の生徒たちと競い合い、交流を深めている。

なお、朝鮮学校のなかには運動場が狭いところもある。京都朝鮮第一初級学校は運動場が狭く、数十年前から近くの公園を地域の人びととの合意のもとで、サッカーの練習などに使っていた。ところが二〇〇九年に、一部の日本人が、これに文句をつけ、朝鮮学校にたいし暴言を吐き、子どもたちを極度に不安にさせた事件が発生した。

朝鮮学校をめぐる教育条件の整備と権利保障の問題は切実な問題でもある。私も愛知県名古屋市内の朝鮮初級学校に通ったことがあるが、運動会を学校内では開けず、近くの大きな公園を利用しておこなった記憶がある。当時は区役所も、そのような理解ある対応をしていた。

運動会、学芸会、そして卒業式

朝鮮学校の大事な学校行事に運動会がある。日本の小学校などでは、最近では運動会といっても昼の時間は一度、家に帰って食事をし、学校に戻って再開するというところも少なくない。朝鮮学校の運動会は、その地域の同胞たちにとっても大きなイベントとなっている。生徒たちは、運動会を成功させるために練習を数週間にわたっておこない、親に自分たちが頑張っている姿を

朝鮮中級学校の運動会の様子(提供＝イオ)

見せようとする。

親たちも運動会を楽しみにしており、その日はおじいさんやおばあさん、親戚まで呼んで応援し、昼の時間は弁当箱を開いて家族団らんの時間を過ごすことになる。親たちは熱い声援を送りながら観戦している。在日同胞たちの集まりとしては、もっとも幅広い人たちがあつまる場でもある。運動会には在日朝鮮人のみならず、日本の市長や区長、市や区の議員たちや地域の町内会役員なども招待している。

朝鮮学校では学芸会も大きなイベントである。歌、楽器、舞踊、演劇、詩の朗読など、生徒たちが学校で学んだ才能や技量を発表する場でもある。それらのなかには学校生活を紹介するものも少なくなく、親たちはふだんの生徒たちの学校生活やそのなかでの喜びや楽しみなどについて理解を深めることになる。学校によっては、芸術発表会という名でおこなっている学校もある。このイベントには日本の市長や区長、市や区の議員たちや地域の町内会の役員なども招待し、朝鮮学校への理解を深めてもらうよい機会になっている。その際に、書道の展示や学校生活を描いた絵画も展示している。

朝鮮学校の卒業式は、親はもちろん、同胞の大きな関心のもとで開かれている。朝鮮中級学校の卒業式に参加したことがあるが、なかなかほのぼのとした場であった。まず先生たちの子どもたちにたいする温かい励ましの気持ちに心を打たれる場面があった。生徒に卒業証書を授与する際に、担任の先生が一人ひとりの名前を呼ぶのであるが、一人ずつ思い出深いことやその生徒の長所やがんばったことについて手短に紹介する言葉を添えて、各人の名前を呼んでいたことである。

もう一つは、「九年間最優等生賞」「九年間優等生賞」という高成績の生徒たちへの表彰とともに、「九年間皆勤賞」という表彰があるが、皆勤賞の表彰の際にその母親もいっしょに登壇させて記念品を渡していた。九年間にわたって弁当を作り、朝は寝坊せず、遅刻もしないようにと子どもたちを励まし、その間の学校への通学を陰ながら支えたことへの学校側の感謝の気持ちが込められている。なお、朝鮮学校の皆勤賞は高級学校まであり、「一二年間皆勤賞」も表彰の対象となっている。

東京朝鮮中高級学校で学んだある中級学校の男子生徒は、「九年間、この学校で学んで自分が朝鮮人だということに誇りをもっている。また、つねに友だちを大切にし、互いに助け合い生きていくことの大切さを学んだ」と述べ、また高級学校まで一二年間を学んだある女子生徒は、「同胞社会を一つにつなぐのは母国語だと思う。母国語を守り、これまで培ってきた民族性をもっとはぐくんでいきたい」と話していた。

「ミレフェスタ」で公演をおこなったチャンダン・サークルのメンバー(提供＝イオ)

日本の学校・地域社会との交流、そして親の支援

朝鮮学校の生徒たちは、ふだんから日本の学校の生徒たちとの間で交流を深めている。日本の学校との交流には、スポーツ交流、文化交流、学校相互訪問などのかたちがある。

スポーツ交流では、サッカーやラグビー、バスケットなど各部ごとの定期戦や親善試合をおこなっており、文化交流では学校の学園祭に互いの生徒を呼んで友情出演をしてもらっている。たとえば東京朝鮮中高級学校では隣の帝京高校の生徒たちのコーラスグループを学園祭に招待し、同じ舞台で友情公演を披露している。シンポジウムなども共同で開催している。いっしょに特定のテーマで研究発表し、活発に討論をおこなっている。

帝京高校といえば、一九六〇年代後半から一九七〇年代前半頃までは、東京朝鮮高級学校との間で男子生徒同士の喧嘩が絶えなかった。しかし、その後、学校間、生徒間の交流と友情が深まり、スポーツのみならず、文化面での交流も活発におこなわれるようになった。朝鮮学校の生徒と日本の学校の生徒との友好と親善の現状をよく示している。

朝鮮学校は地域社会に密着し、広く理解を得ている。朝鮮学校の生徒たちは、学園祭などに地域住民を招待したり、地域の誇りとしている和太鼓や歌などを披露してもらっている。東京朝鮮中高級学校の学園祭では、朝鮮学校の歴史についてのパネルの展示やコマ回し、祭祀《チェサ》(朝鮮式の法事)などの体験コーナーやテコンドーの演舞、チョゴリ・ファッションショーもあり、焼肉、トック(朝鮮風の雑煮)などの屋台も並ぶ。文化公演や日本の高校との親善試合もおこなっている。学園祭を楽しんだある朝鮮高級学校生は、「日本の高校生に僕たちの民族や歴史についてもっと知ってもらい、同世代同士、交流を深めていきたい」と語っている。

また朝鮮学校ではバザーや公開授業を開き、地域の人たちに学校をより広く知ってもらうための努力を重ねている。朝鮮学校のバザーやフリーマーケットは、地域の人たちも楽しみにしているところが多く、現在では年中行事化している。朝鮮学校のバザーは、豪華商品も準備され、また朝鮮民族衣装の試着やキムチなどの販売、一般の来訪者が朝鮮語の挨拶などを学べる教室といった、豊富なメニューとなっている。バザーを開きつつ、教室では公開授業もおこない、生徒たちの授業の様子も紹介している。そのような場や学芸会などで、朝鮮学校の教科書を展示しているところも少なくない。

千葉朝鮮初中級学校のバザーに参加したある日本人は、「これまで朝鮮学校の前を通ることはあっても近寄りがたいと思っていたが、バザーという文字につられて立ち寄ってみた。生徒も父母も生きいきと楽しそうで活気に満ちている」と話していた。また、「近所の人からキムチがとてもおいしいと聞いて、ぜひ食べてみたいと思っていた。朝鮮学校ははじめてだが、とても賑わっているのでびっくりした」などと述べる人もいた。

子どもを朝鮮学校に通わせている保護者たちの活動は、日本のPTAなどの活動とはちがった特色がある。それは朝鮮学校の運営が厳しく教育の権利が十分に保障されていないなかで、学校の運営に少しでも助けになるような支援と協力を惜しまないでいることである。キムチや米の販売を続けているところも多い。学校をめぐって「学校を愛するオモニの会」(オモニとは「母」の意)や「学校を愛するアボジの会」(アボジとは「父」の意)というものもある。もちろん、その二つを合わせた保護者の会もある。ゴルフのコンペでの賞金や結婚式の祝い金を学校に寄付したりする同胞たちもいる。

在日朝鮮人のなかで朝鮮学校は、「ウリ・ハッキョ」(わが学校)と呼ばれており、在日朝鮮人のコミュニティにおける最も大切な拠点となっている。最近では、朝鮮学校は一つひとつの学校の規模は小さいが、全国にある朝鮮学校を一つの「ウリ・ハッキョ」ととらえ、その意味では大規模な学校、「マンモス学校」であるともいわれている。

3　なぜ日本に朝鮮学校があるのか
――在日朝鮮人と朝鮮学校の由来

在日朝鮮人の由来

在日朝鮮人とは、日本による朝鮮への植民地支配の結果、日本で暮らすようになった朝鮮半島にルーツをもつ人びととその子孫の総称である。「朝鮮」とは「朝日が鮮明なるところ」という意味であり、古代に古朝鮮という名称の国があったことから分かるように、古くから使われている用語である。また朝鮮民族と韓国民族という二つの民族があるのではない。同じ民族であるが、民族が南北に分断されている政治状況が反映されているものである。

最近は、「在日コリアン」という言い方が増えている。「コリア」とは、朝鮮の初の統一国家であった高麗《コリョ》から派生した言葉である。「在日韓国人」といったり、「在日朝鮮人」といったり、「在日韓国・朝鮮人」といったりする場合があるが、日本で暮らす朝鮮民族を表す用語である。「在日韓国・朝鮮人」という用語は、日本で暮らす朝鮮半島出身者とその子孫を不必要に分断するものであるという理由で、好ましい用語ではないと思われる。

二〇一〇年末現在で、外国人登録上の国籍欄表示が「朝鮮」「韓国」となっている人たちの人口は、五六万五九八九人にのぼる。なぜ日本に朝鮮半島出身者とその子孫が暮らしているのだろうか。それは一九一〇年からはじまる日本による朝鮮への植民地支配により、朝鮮で暮らせなくなった人びとが日本へ移動した結果、生じたものである。このことは、日本に在住する朝鮮人の人口数と、その増加の原因によって証明することができる。ここでは、大まかな数字を挙げることにしたい。

一九一〇年に在日朝鮮人の数は、約一〇〇〇人にすぎなかった。それが一九一〇年代の日本による土地調査事業によって、朝鮮で土地を奪われた人びとが日本に移動しはじめ、その人口は徐々に増えていった。一九二四年には一一万人に達した。一九二〇年代に朝鮮への植民地支配は、産米増殖計画の遂行というかたちで実施され、朝鮮の農民は土地を奪われて没落していき、日本へ渡る人たちがさらに増えていった。

一九三五年には六二万人を超えた。一九三一年の満州事変から日本による中国への侵略がはじまり、一九三七年から日中全面戦争へと突き進むなかで、日本の軍需産業の拠点などに朝鮮人労働者が動員されていった。一九四〇年には一一〇万人を突破した。一九四〇年代には戦争の激化のなかで、日本は朝鮮人にたいし「募集」「官斡旋」「徴用・徴兵」という名目での日本への強制連行をおこなうことになる。一九三九年から一九四五年までの間に、日本の金属鉱山に約一五万人、石炭山に約六〇万人、土木建設に約三〇万人、港湾労働に約五万人、軍需工場に約四〇万人、合わせて約一五〇万人にのぼる朝鮮人が日本に連行され、強制労働に従事させられた。

このような経緯の後、朝鮮が日本の植民地支配から解放された一九四五年八月当時、日本には約二〇〇万人の朝鮮人が暮らしていた。当時の日本の総人口は約七〇〇〇万人であったから、何と全人口の約二・九%を占めていたことになる。

在日朝鮮人は日本各地に居住しており、外国人登録で「朝鮮」「韓国」と表示されている人びとは、二〇一〇年末現在、東京都（約一二万人）と大阪府（約一三万人）にそれぞれ一〇万人以上が暮らしており、この二つの都府とともに一万人以上が居住する地域には、兵庫県（約五万人）、愛知県（約四万人）、神奈川県（約三万人）、京都府（約三万人）、埼玉県（約二万人）、福岡県（約二万人）、千葉県（約二万人）、広島県（約一万人）があり、これらの地域で全在日朝鮮人人口の約七割を占めている。在日朝鮮人の世代構成をみると、一世が約四%、二世が約三七%、三世が約四八%、四世が約一一%となっており、四世は主に中学生から下の年齢層となっている。なお、これらの人びと以外にも日本国籍を取得した約三四万人（二〇一一年末現在、累計）の在日コリアンがいる。ただし民族的な意識のあり方はさまざまである。

在日朝鮮人が形成された歴史的な背景を知るとわかるように、在日朝鮮人にかんする問題を考える際の基礎、前提となるのは、在日朝鮮人が日本による朝鮮への植民地支配によって生じた人びととその子孫であり、「歴史的特殊事情をもつ外国人」であるという事実である。

朝鮮学校のはじまりは国語講習所

朝鮮学校とは、朝鮮語を授業用語として、在日朝鮮人の子どもたちを対象とする、在日朝鮮人によって運営されている学校のことをいう。つまり、在日朝鮮人学校である。朝鮮学校という名称から、「北朝鮮学校」と同一視する見方があるが正しくない。朝鮮学校とは在日朝鮮人学校であり、朝鮮民族学校なのである。だからといって、このことは在日朝鮮人が法的地位において、分断国家を背景にもつ外国人であることを否定するものではない。日本には外国人学校に国際学校（インターナショナル・スクール）と民族学校（ナショナル・スクール）があるが、朝鮮学校は民族学校である。

日本にある朝鮮学校は、二〇一二年四月現在、学校段階別の数え方で九八校（幼稚園を除いて）にのぼる。初級学校が五四校、中級学校が三三校、高級学校が一〇校、大学校が一校である。幼稚園は三八園ある。小中級学校など同じ場所に併設されていることも多く、所在地別の数え方では六三校になる。朝鮮学校の教育体系は、幼稚園が三年、初級学校が六年、中級学校が三年、高級学校が三年、大学校が四年であり、日本の学校体系に準じたものになっている。朝鮮学校の在籍生徒数は全体で約一万人である。ちなみに朝鮮本国の教育体系は、就学前教育が一年、初等教育が四年、中等教育が六年の一一年制であり、大学が四年となっている。韓国の教育体系は、日本と同様の六・三・三・四制となっている。

日本に朝鮮人が渡ってきて暮らすようになることによって、子どもたちの教育問題がおのずと生じてきた。しかし、朝鮮解放以前は、日本に全日制の朝鮮学校はなかった。それは、日本の官憲によって朝鮮学校の設立が禁止されていたからである。夜学というかたちで子どもたちに朝鮮語を教えるところもあったが、官憲によってことごとく弾圧された。

朝鮮学校は、このような日本の官憲による弾圧が加えられることがなくなった朝鮮解放直後（つまり日本における終戦後）にはじまることになったのである。その直接的なニーズは、本国に帰国するための準備としてはじめた朝鮮語教育である。そのために設立された国語講習所が、朝鮮学校のはじまりであった。日本の植民地時代に奪われた朝鮮語を取り戻し、片言でも朝鮮語を話せるようにして帰国し、家族や親戚たちと再会したいと思ったからである。

解放後、約一四〇万人が帰国したが、帰国をめぐってさまざまな困難が生じ、一九四六年当時、約六〇万人の朝鮮人が日本に残っていた。そのなかで、子どもたちへのより整備された学校教育の必要が生じてきた。成長していく子どもたちに即して学校体系を整える必要があったのである。

表　朝鮮学校の分布状況　（2012年4月現在）

都道府県(27)	大学	高級	中級	初級	(幼)	合計(幼稚園除く)
東京	1	1	5	9	3	16
埼玉	—	—	1	1	1	2
千葉	—	—	1	1	—	2
神奈川	—	1	1	3	3	5
茨城	—	1	1	1	—	3
栃木	—	—	1	1	—	2
群馬	—	—	1	1	—	2
新潟	—	—	1	1	—	2
宮城	—	—	1	1	—	2
北海道	—	1	1	1	—	3
福島	—	—	1	1	—	2
愛知	—	1	1	4	4	6
長野	—	—	1	1	1	2
岐阜	—	—	1	1	1	2
福井	—	—	1	1	—	2
静岡	—	—	1	1	—	2
三重	—	—	1	1	1	2
京都	—	1	1	2	2	4
滋賀	—	—	—	1	1	1
和歌山	—	—	1	1	1	2
大阪	—	1	2	8	8	11
兵庫	—	1	3	6	6	10
広島	—	1	1	1	1	3
岡山	—	—	1	1	1	2
愛媛	—	—	1	1	—	2
山口	—	—	1	1	1	2
福岡	—	1	1	2	3	4
合計	1	10	33	54	38	98

そして、全国各地に設立した国語講習所を統合、改編して初等学院（小学校、三年制）を一九四六年四月に設立した。同年九月には、この初等学院を再度、統合、整備し、六年制の全日制の学校へと発展させた。

一九四六年一〇月五日には中学校（三年制）を設立し、中等教育を開始した。東京都北区十条に位置する東京朝鮮中学校の創立が最初であった。その後、一九四八年一〇月四日、東京朝鮮中学校に高等部（三年制）を併設し、後期中等教育を実施することになった。

在日朝鮮人による高等教育は、一九五六年四月一〇日に朝鮮大学校が設立されることによって開始された。朝鮮大学校は、当初は東京朝鮮中高級学校の敷地内の仮校舎を利用していたが、一九五九年六月一三日に東京都小平市に現代的な新校舎を建設し移転した。在日朝鮮人による幼稚園教育の開始については、従来、一九五三年四月とされていたが、それ以前の一九五〇年四月に愛知県下で、愛知朝鮮第一初等学校に幼稚園が併設された事実がある。

在日朝鮮人は、さまざまな困難を乗り越えて、幼稚園から大学校にいたる独自の教育体系を整え、現在にいたっている。

日本政府は、一九四八年一月に朝鮮学校にたいして独自の教育を否認し、日本の学校へ就学することを命じる通達を出し、四月以降、それに反対する在日朝鮮人への弾圧を加えた。さらに一九四九年一〇月にも朝鮮人の義務教育は日本の公立学校でおこなうとする「朝鮮学校閉鎖令」を出し弾圧した。これらの弾圧は、出発間もない朝鮮学校を揺籃期《ようらんき》につぶすことによって、在日朝鮮人の日本人化をはかるという朝鮮植民地支配期の民族差別に満ちた同化教育政策を、戦後において再び追求しようとするものであった。しかし、在日朝鮮人はこのような朝鮮学校弾圧にたいして全国各地で熾烈な抗議運動を展開した。そして、在日朝鮮人は自主学校、公立朝鮮学校、民族学級などのさまざまな形態の朝鮮学校を運営し続け、学校を守り通した。法的認可については、一九七五年までにすべての朝鮮学校が各種学校として、また学校の設置者である朝鮮学園(朝鮮学校所在の都道府県にそれぞれ一つ)が準学校法人として各地方自治体の首長により認可された。朝鮮学校は現在まで健全に運営され、日本社会と地域社会に深く根付いている。

朝鮮学校では、二〇一一年に中等教育実施六五周年と朝鮮大学校創立五五周年を迎え、盛大に祝った。朝鮮学校の歴史には、重なる苦難と試練にうちかちながらその成長と発展のために力を尽くしてきた在日朝鮮人の献身的な努力と熱意が刻まれているだけでなく、教育援助費を送り続けてきた朝鮮の同胞愛的な支援や、広範な日本人による朝鮮学校への理解と温かい支援が含まれている。

なぜ日本に永住するのに日本の学校に通わないのか

在日朝鮮人は、そのほとんどが特別永住資格をもっており、外国人ではあるが生活基盤は日本にあり、永住を前提として生活している。日本人からは、「なぜ日本に永住するのに日本の学校に通わずにわざわざ朝鮮学校に通うのか」という質問がよくなされる。

永住する在日朝鮮人が子どもたちをなぜ日本の学校ではなく、朝鮮学校に通わせているのであろうか。その理由を三点挙げておきたい。

第一に、日本の学校では母国語である朝鮮語を系統的に学べず、母国語としての朝鮮語が身につかないからである。日本の小学校で朝鮮語を教えている学校はない。初等教育段階で母国語の土台を築くことは大きな意味をもっている。日本の中学校では、朝鮮語の選択科目は全国で数校しか開設されていない。日本の高校では、朝鮮語の選択科目(科目名はハングル、韓国語とする学校もある)を開設している学校は全学校数の五・二九%であり、履修率(履修者数/全生徒数)は〇・二五%にすぎない(二〇〇五年現在、文部科学省「高等学校等における国際交流等の状況」二〇〇六年)。

朝鮮学校において、母国語を学ぶということは、単なる言語教育ではなく、民族的なアイデンティティを育て、民族の文化を受け継ぐ教育でもある。単に意思疎通の手段としてのみならず、民族としての感情と心理を共有し、民族的な資質をはぐくむ上で欠かせないものである。たとえば自分の母親のことを「おかあさん」と呼ぶのか「オモニ」と呼ぶのかは、単なる呼称と響きのちがいのみならず、そこに朝鮮民族としての心理と感情が伴っている。私の場合も朝鮮学校に編入後、しばらくたって父と母に向かって「アボジ」「オモニ」と呼んだ日に、父母がそれまで見たことのない、こぼれんばかりの笑みを浮かべて喜んでいた姿を思い出す。

日本の高校(大阪)で韓国語を教えている在日韓国人の教師は、神奈川朝鮮中高級学校の授業を参観し、「母国語が上手な理由がわかった。すべての授業を母国語でしているのはとても衝撃的だった。私は子どもが三人いるが、うちの子どもは母国語をまったく話せない。子どもに母国語教育ができないのに、外で日本人を教えているのがとても恥ずかしい。異国に住みながら民族意識を失わずに生活するということはたやすいことではない。心の底から敬意を送る」という感想文を記している。

日本で生まれ育つ子どもたちが朝鮮語を系統的に学び使いこなす力を養うためには、民族学校である朝鮮学校か、韓国学校へ通うしかないのである。韓国学校は在日コリアンや韓国からの滞在者の子どもを主な対象とする民族学校である。韓国学校は、全国に四校（所在地別）しかないので、朝鮮学校に通う子どもたちの比率がおのずと高くなる。

第二に、日本の学校では朝鮮人としての民族的アイデンティティを育てることが難しいからである。在日朝鮮人の子どもたちが朝鮮人としての誇りと喜びを感じる人間となるためには、自民族の文化と歴史を学ぶ必要があり、とくに朝鮮人の同年齢の子どもたちのなかで育つことが望ましい。

社会的存在である人の意識は、集団のなかでしか形成されない。家庭教育によって母親が子どもに民族意識と自覚をはぐくもうとしても、孤立した環境のなかでは身につかないのである。前を向いても、後ろを振り向いても、右も左も、「皆、朝鮮人なんだなあ」という感性と日常的に心を開いて話ができる気がねのない教育環境のなかでのみ、朝鮮人としてのゆるぎない自覚が芽生え育つからである。

朝鮮学校で自民族の民族衣装を着たりチャンダン（歌曲などの拍子）に接することも、民族的な情緒や表現力を育てることに役立っている。とくに同じ在日朝鮮人の子どもたちのなかで、朝鮮人である自分を隠すことなく生きいきと学校生活を送るなかで、朝鮮人としての自覚と誇りが育つのである。

私の個人的な経験からも、それを感じた。私は、小学校の一年は朝鮮学校で、二年から五年まで日本の公立小学校に通った。そのとき、自分が朝鮮人であることを日本人の友だちに知られることを恐れていたし、日本人の友だちを家に連れてこようとは思わなかった。そのときの心の底では、朝鮮人であることを隠し、親にたいしても「朝鮮人である親」を本心から誇れるという気持ちをもてなかった。「朝鮮人である親」を心底から誇れるようになったのは、その後再び朝鮮学校へ通い、朝鮮人としての自覚が少し養われてからであった。

第三に、朝鮮人としてのしっかりとした自覚にもとづき、日本人との友好を深められる国際感覚を育てられるからである。

人びとが国際化時代を生きるということは、人びとがコスモポリタンになるということではない。それぞれの人びとが自分の文化的アイデンティティを基盤にして、他国の人たちと国際的な関係をもつことを意味するものである。朝鮮人としてのアイデンティティを誇れる自覚をもつとともに、文化的に異なる相手を尊重しつつ、お互いが友好を深められることが望まれるのである。相手国の文化に埋没するのは同化であり、同化によっては、より高い次元での国際交流と親善を図ることはできない。

朝鮮学校で学び、朝鮮人としての自覚とともに国際感覚をもつことは、多民族多文化社会へと移行しつつある日本社会をより豊かにする可能性を伸ばすものである。互いの文化を尊重し、互いに学び理解を深められる国際交流ができることは、日本社会をより豊かにすることにつながるといえよう。

4　どのような教科書を使っているのか
――反日教育でなく友好のための教育

教科書の全体像

教科書から朝鮮学校を知るという視点から見る場合、教科書の全体像を知ることが不可欠である。そうでなければ一部の教科書の部分的な記述をもって、学校全体を決め付けるという誤りが起こりうることになり、「木を見て森を見ず」という近視眼的な見方になってしまうからである。実際、朝鮮学校の「現代朝鮮歴史」の教科書のいくつかの部分的な記述だけを理由に、「反日教育」であり「朝鮮学校は解散すべきである」というような非教育的で極端に政治的なレッテルを貼ろうとする見方もあることは、このことの大切さを示している。

「朝鮮学校とはどのような学校なのか」という観点から、朝鮮学校の教科書の全体像について述べることにしたい。教科書は、カリキュラム(教育課程)にもとづいて、該当する科目の主たる教材として使われる児童・生徒用図書である。ちなみに、カリキュラムとは、学校教育の目的を達成するために、教育内容を生徒たちの学年別の発達に応じて、教科科目や授業時数との関連において総合的に編成した教育計画を意味する。

まず、朝鮮学校の教科書の編纂における原則と、その特徴について述べたい。

朝鮮学校の教科書における編纂の原則には、第一に民族性の原則、第二に科学性の原則、第三に現実性の原則の三つがある。民族性の原則とは、在日朝鮮人の子どもたちに朝鮮民族としての豊かな民族性を保持できるようにするということである。科学性の原則とは、自然と社会における検証された法則にもとづいて教えるということである。現実性の原則とは、日本という社会でおこなう教育であることに留意し、在日朝鮮人保護者の教育への要求を十分に考慮するということである。

朝鮮学校のカリキュラムと教科書は、ほぼ一〇年に一度、改編されている。現在、使用されている朝鮮学校の教科書は、二〇〇三年度から二〇〇六年度までに編集されたものである。現在の教科書が目指していることは、第一に朝鮮学校の子どもたちが豊かな民族性、しっかりとした民族自主意識を身につけ、在日同胞社会にたいする正確な歴史認識と主人公としての自覚をもちながら、日本社会や国際社会で活躍できる資質と能力を備えることである。第二には、仲むつまじく豊かで、活力のある同胞社会を築くことができる人材の育成を目指していることである。第三には、新しい世代の民族性をはぐくむ上で重要な位置を占める朝鮮初中級学校を、さまざまな思想や信条をもった同胞たちの子どもたちを対象とする、広く開かれた民族教育の場にすることである。

朝鮮学校の教科書の具体的な内容の特徴は、つぎの三つに整理することができる。

第一の特徴は、現代の時代に見合った朝鮮民族の民族性を育てる教科書になっていることである。これに関連する教科書には、「国語」、「朝鮮歴史」、「社会」、「朝鮮地理」、「音楽」、「美術」

表　朝鮮学校(初・中級学校)のカリキュラム　(2012年度)

	初級学校							中級学校			
区分	1年	2年	3年	4年	5年	6年	時数小計	1年	2年	3年	時数小計
国語	306	280	245	245	210	210	1496	175	175	175	525
朝鮮語文法								−	−	35	35
社会	−	−	35	70	70	70	245	70	70	70	210
朝鮮歴史	−	−	−	−	−	70	70	−	70	70	140
朝鮮地理	−	−	−	−	70	−	70	70	−	−	70
算数	136	175	175	175	175	175	1011				
数学								140	140	140	420
理科	−	−	105	105	105	105	420	140	140	105	385
日本語	136	140	140	140	140	140	836	140	140	140	420
英語								140	140	140	420
保健・体育	68	70	70	70	70	70	418	70	70	70	210
音楽	68	70	70	70	70	70	418	35	35	35	105
図画工作	68	70	70	70	70	70	418				
美術								35	35	35	105
家庭								35	−	−	35
情報								−	35	35	70
総授業時数	782	805	910	945	980	980	5402	1050	1050	1050	3150

※授業時数の一単位時間は45分．年間35週(初級学校1年のみ34週)

がある。

現在、初・中級学校では四世の子どもたちが、高級学校以上では三世の子どもたちが主に学んでいることから、「国語」の教科書は、朝鮮語によるコミュニケーション能力を高めることに重点を置いている。初、中、高の「国語」の授業内容の約三〇%を口語教育に当てている。

「朝鮮歴史」にかんする教科書(初、中、高)については後に述べることにする。

「朝鮮地理」の教科書は、初級学校五年と中級学校一年で使われる。従来と異なっているのは、「北」について主に教えていたことを改め、北部、中部、南部の三つの地域に分け、特産物、風土、名勝地などを紹介し、北と南についての知識を幅広く学べるようにしていることである。

「社会」の教科書は、初級学校三年から高級学校三年まで使われる。「社会」の教科書の特徴は、民族性を育てることを前面に打ち出し、かつ在日朝鮮人としてのアイデンティティを自覚し、幅広い視野で社会をみつめることができるようにしていることである。

「音楽」の教科書では、民族的な情緒と創造的な表現力を育てることに力点をおいている。朝鮮のチャンダンを五つ学び、初級学校五年では朝鮮の太鼓を習うようにしている。ベートーベンのトルコ行進曲をはじめ外国の名曲も多く紹介されている。

「美術」は、初級学校では「図画工作」、中級学校、高級学校の段階では「美術」の科目名の教科書である。従来のような美術教育のみならず、自分の感性から発想した造形活動ができるように工夫されている。ゴッホ、ピカソ、葛飾北斎など世界や日本の画家の作品も多く入っている。

朝鮮学校の教科書の第二の特徴は、科学技術の発展、高度情報化社会への移行に対応し、理科

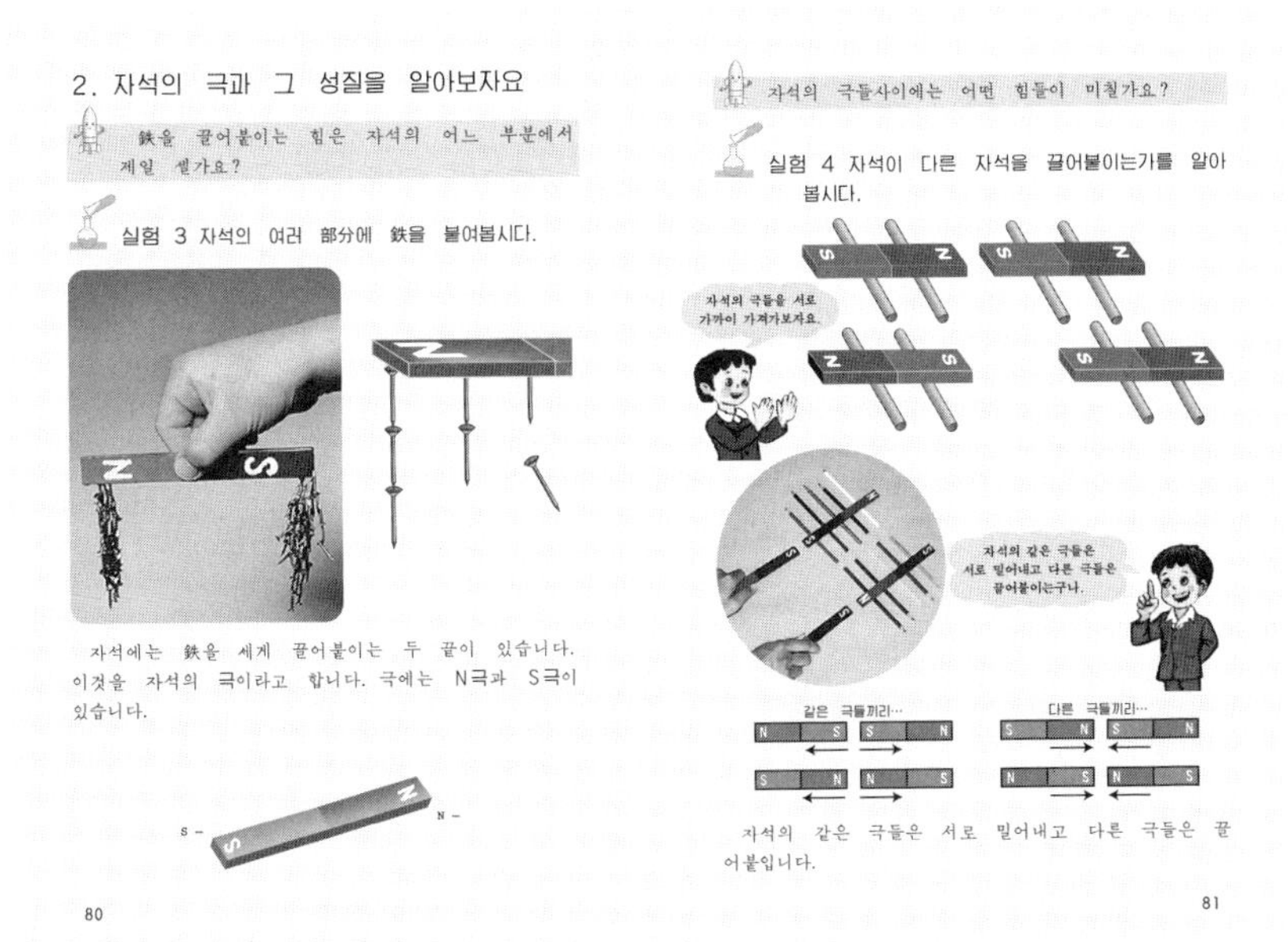

「理科」(初級学校3年)の教科書.「2. 磁石の極とその性質を知ろう」

教育、情報教育に力を入れていることである。これにかんする教科書には、「理科」、「算数」、「数学」、「情報」がある。

「理科」の教科書は、初級学校三年から高級学校三年まで使われている。朝鮮学校の「理科」の教科書では、理科の面白みを感じられるように、とくに「自然にたいする感動」を重要なキーワードとして編纂している。直接的な体験や観察にもとづいた学習を重視し、学習意欲を高められるようにしている。

「算数」と「数学」の教科書は、生徒たちが楽しく自由な発想をもって算数に興味をいだくように工夫されている。たとえば教材に複数の人物を登場させ、二つの考えを紹介しながら、思考の幅をもてるようにしている。

「情報」の教科書は、中級学校二年か

ら高級学校二年まで使われる。情報教育では、情報を主体的に活用できる能力(リテラシー)を育てられるようにしている。朝鮮学校では朝鮮語と日本語の二カ国語を使った情報教育もあり、これは日本の学校の情報教育にはない特色でもある。

朝鮮学校の教科書の第三の特徴は、日本社会と国際社会で活躍できるように、日本社会と国際社会にかんする知識を幅広く扱っていることであり、日本社会にあって日本人との友好と親善を図れる素質と能力をはぐくめるようにしていることである。これにかんする教科書には、「世界歴史」「世界地理」「英語」「社会」「日本語」がある。

「世界歴史」は高級学校二年で、「世界地理」は高級学校一年で学ぶ。「世界歴史」と「世界地理」の教科書を通じて世界の歴史と国際問題について幅広い視点から学べるようにしている。これらの教科書には、ヨーロッパやアジア、アメリカなど広い地域や国々の文化と歴史が紹介されている。それぞれの国や人びとについて学ぶことにより、豊かな国際感覚を育てることができるように工夫されている。

外国語の言語教育は、言語の習得にとどまるものではなく、そこで扱われる外国の教材、外国人の作品などに触れることによって他国の文化を深く知る学習の機会となっている。「英語」の教科書は、生徒たちが英語で積極的に表現し、コミュニケーション能力を伸ばせるようにしている。

「社会」の教科書では、日本と日本社会についても多く扱っている。後に詳述する。

「日本語」の教科書は、初級学校一年から高級学校三年まで一二年間にわたって使われる。日

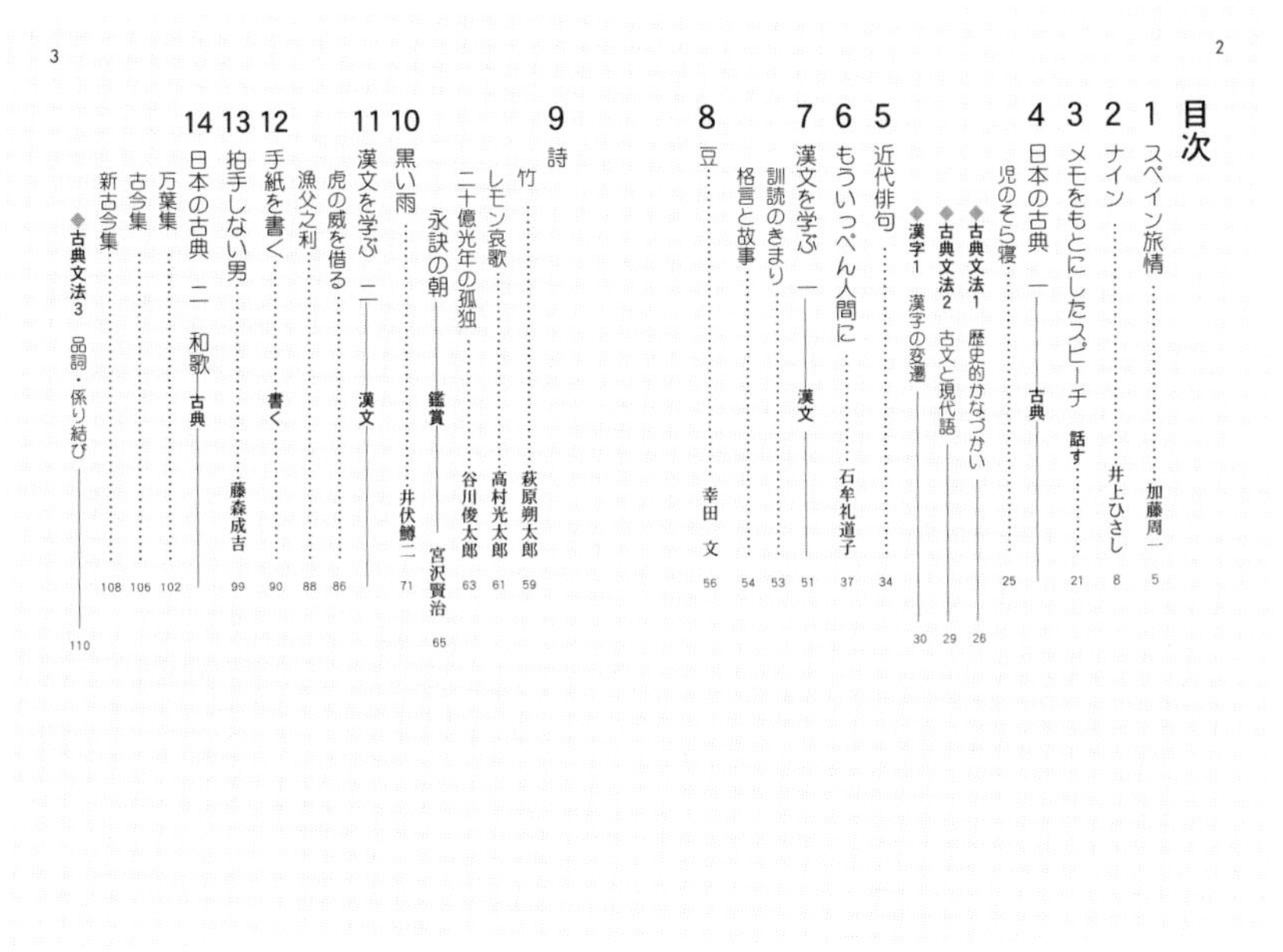
2

目次

3

「日本語」(高級学校１年)の教科書．目次の一部

本語の教科書は、日本人が書いた作品を基本にして編纂されているので、日本語の勉強であると同時に、日本の文化や日本人の考え方を身近に理解する日本理解教育の場となっている。朝鮮学校の「日本語」の教科書は、作文、読解力の向上に力を入れている。

このように朝鮮学校の教科書は、二一世紀を生きる在日朝鮮人の子どもたちが日本社会はもちろんのこと、国際社会で力を発揮できる民族性と実力と国際感覚を育てるための教科書となっている。

なお朝鮮学校のカリキュラムと教科書の編纂は、在日朝鮮人による教科書編纂委員会(学友書房教科書編纂委員会)がおこなっており、教科書の出版社には学友書房(東京都板橋区)がある。教科書編纂委員会は、朝鮮大学校、高級学校などの教師を中心としたメンバーによって構成されている。朝鮮学校の教科書は、在日朝鮮人が自ら作成し出版しているものである。教科書の出版に際しての検定という仕組みはない。

朝鮮学校の教科書について、一部の人たちが「北朝鮮政府が作成している」と述べているのは、事実に反している。それゆえ教科書の内容で改善すべき点がある場合は、教科書編纂委員会の委員たちの判断によって改めることができるのである。

なお、朝鮮学校を久しぶりに訪れた卒業生の保護者たちは、朝鮮学校のカリキュラムや教科書の内容を見て、過去のイメージから「こんなにも変わったのか」との驚きを示し、「自分たちも、こういう教科書で学びたかった」というような感想を述べている。

朝鮮学校の朝鮮歴史教科書の特徴

朝鮮学校の朝鮮歴史教科書は、在日朝鮮人を取り巻く環境を反映して、現在までに数回にわたって、その内容が変化してきた。それは大きく三つの時期に分けられる。

第一は、一九四五年から一九五四年までの時期である。この時期は、日本の植民地支配から解放された在日朝鮮人が解放の喜びを噛みしめつつ、在日朝鮮人の朝鮮史研究成果にもとづいて独自に朝鮮歴史教科書を啓蒙的な内容で編纂したものであった。

第二は、一九五五年から一九九二年までの時期である。この間に一九六五年、一九七六年、一九八五年の三度の朝鮮歴史教科書の改訂があった。この時期は、一九五九年に朝鮮への帰国事業が開始され、一時中断したものの一九七〇年代半ばまで総数で約九万三〇〇〇人が朝鮮へ帰国し

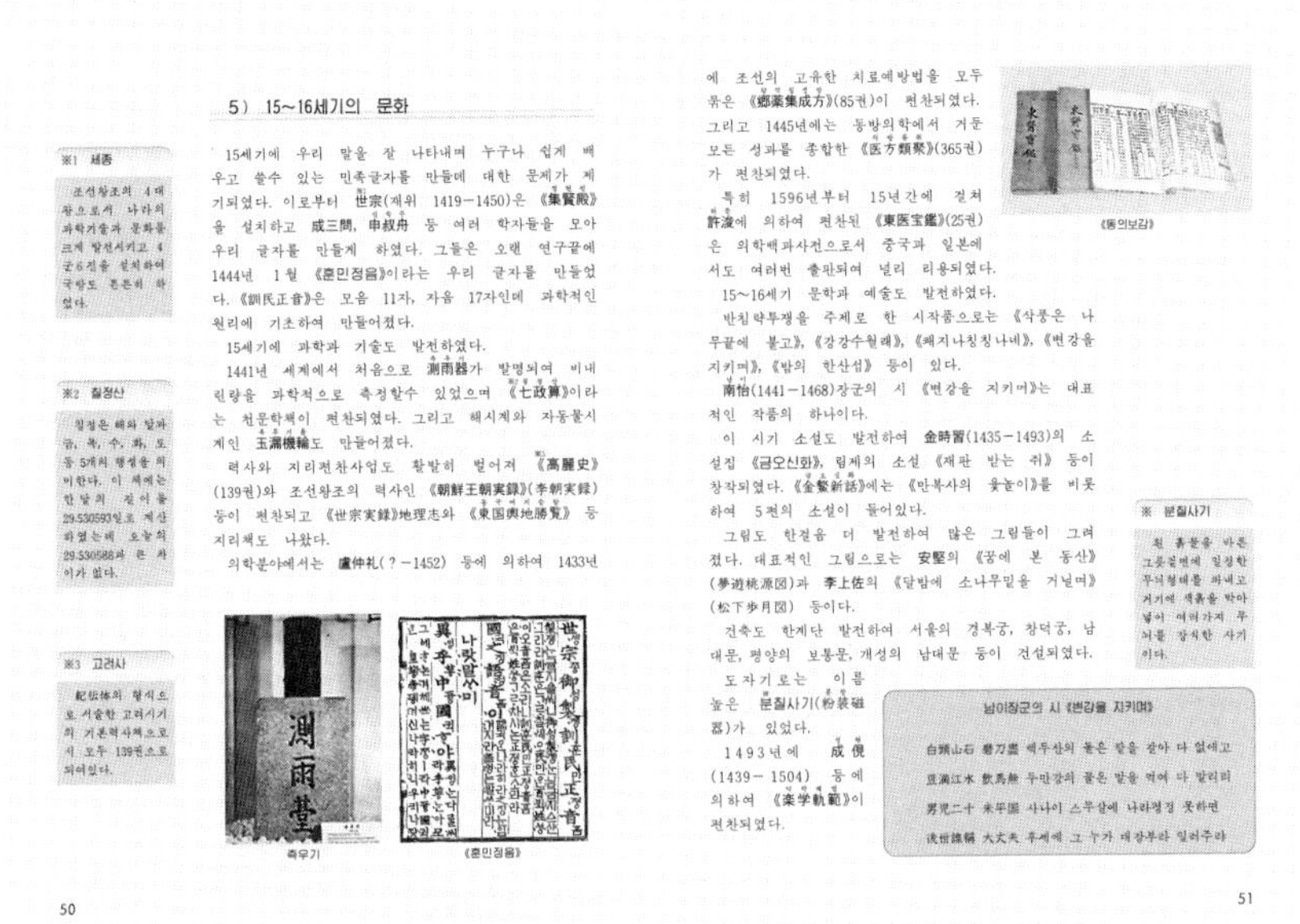

「朝鮮歴史」(中級学校２年)の教科書．「5)15〜16世紀の文化」．「訓民正音」(ハングル)の創製などについての記述がある

た時期を反映した教科書であった。それは、朝鮮における歴史研究の成果を大きく取り入れ、朝鮮歴史の自律的な発展を強調するものであった。また、朝鮮分断と冷戦状況が強く反映された現代史の記述ともなっていた。

第三は、一九九三年から二〇一二年現在までの時期である。この間に一九九三年と二〇〇三年の二度の朝鮮歴史教科書の改訂があった。この時期は、既に朝鮮学校での教育が日本での永住を前提としたものになっている事実と在日同胞社会の世代交代の現実に即して、「子どもたちの年齢や関心を考慮して朝鮮歴史のなかの有名な人物をもっとたくさん教えてほしい」などという保護者たちの多様な意見や要求を十分に取り入れた。また、二〇〇〇年六月に「南北共同宣言」が発表され、民族統一への気運が高まった新たな環境にそって、朝鮮分断の影響が大きかった現代史の記述を大幅に改めた。ちなみに、「南北共同宣言」における南と北の関係は、「国と国との関係でない、統一を志向する過程で暫定的に形成された特殊な関係」(南北合意書、一九九一年)とある。

現在、朝鮮学校の朝鮮歴史にかんする教科書には、「朝鮮歴史」(初級学校六年、中級学校一〜三年、高級学校三年)、「現代朝鮮歴史」(高級学校一〜三年)、「世界歴史」(高級学校二年)がある。

朝鮮歴史にかんする教科書の第一の特徴は、朝鮮の歴史にかんしての他律論、停滞論による記述ではなく、朝鮮歴史の自律的な発展を描いていることである。

現在でも日本社会において、朝鮮や朝鮮人にたいする偏見や差別意識が残念ながら残っているのが実情である。このような偏見や意識は、朝鮮史についての認識と少なからず結びついている。その朝鮮・朝鮮史認識のなかには、朝鮮社会は自力で社会的進歩を図る力が弱い停滞した社会であったとみなす停滞史観や、朝鮮民族が常に外部からつき動かされる自律性のない民族とみなす他律性史観という誤った認識が少なからず残っている。日本社会で暮らしながらも朝鮮人としての誇りと自負心をもって生きていく上で、朝鮮民族と朝鮮社会の内在的で自律的な発展の歴史を学ぶことは欠かせないものである。そのような問題意識と歴史認識にもとづいた教科書が朝鮮学校の朝鮮歴史にかんする教科書である。

朝鮮歴史にかんする教科書の第二の特徴は、日本にありながらも朝鮮半島の北と南、海外にいる朝鮮民族が読んでも理解できる「民族統一教科書」を目指して記述されていることである。

朝鮮半島の分断状況は、朝鮮歴史の描き方においても分断をもたらし、現在でも統一された朝鮮歴史像を描ききれていないのが現状である。そこには、冷戦・分断の影響が強く残っているからである。しかし、朝鮮学校は、このような分断を克服し、朝鮮民族として民族の統一を志向する立場から、史実を検討し、歴史を記述できる可能性をもつものである。在日朝鮮人による朝鮮学校の「民族統一教科書」を目指した記述は、南北の和解と民族統一へ向けた歴史認識の基礎と土台を固めていくことに貢献する可能性をもった教科書なのである。

朝鮮歴史にかんする教科書の第三の特徴は、冷戦構造の影響を強く受けていた従来の記述を大きく改め、あくまでも朝鮮民族としての民族的立場からの適切な記述を目指していることである。現在でも朝鮮とアメリカの関係はあくまでも「停戦協定」を結んでいるだけで、戦争を思わせるような厳しい敵対関係が続いており、南北は分断されている。そのような状況は、とくに朝鮮現代史における記述にもさまざまな影響をおよぼしてきた。朝鮮学校の朝鮮歴史にかんする教科書がこのような冷戦・分断イデオロギーを克服していくうえでの大きな時代背景となったのは、一つは一九八〇年代頃から在日朝鮮人の教育が日本での永住を前提にしたものに大きく転換されたことであり、もう一つは二〇〇〇年六月の南北共同宣言の発表によって「わが民族同士」という理念、つまり民族の統一を志向し制度や思想の違いを超えて民族的団結を強めていこうとする考え方が、朝鮮学校教育に大きく反映された結果である。

朝鮮学校が帰国を前提として教育を進めていた時期は、その教育が朝鮮民主主義人民共和国への帰国を前提としていた。朝鮮は社会主義国家であり、その社会制度で国の主人公となる公民として教育するとなれば、教育内容はおのずと朝鮮本国の公民が受ける朝鮮歴史の教育内容に大きく影響されることは明らかであった。それは、現代史にかんしては、本国における政治的指導者による国家と社会への指導を重視し、それを中心にして記述した朝鮮現代史の内容を反映するものとなっていたのである。

しかし、日本での永住が前提になっていくにつれて、在日朝鮮人が民族性を堅持しつつも、在日同胞社会や日本社会、国際社会で活躍できる在日朝鮮人としての歴史認識と国際感覚をもつことが切実に求められるようになった。このような事情が、朝鮮学校の朝鮮歴史にかんする教科書の内容に大きく反映されることになったのである。

現在でも朝鮮半島をめぐる複雑な状況が、朝鮮歴史にかんする教科書記述に少なからず影響をおよぼしていることは否めない。朝鮮歴史への記述において、もちろん不十分な点もありうる。本来、教科書はその内容の完璧さを求めてたえず改善されていくべきものである。

なお、政治的な利害が複雑にからみあう論争的な歴史認識にかんする論点は、ドイツ・ポーランドの教科書対話やドイツ・フランスの教科書対話のような経験に学び、相互が尊重し信頼し未来を築いていく方向で建設的に論議されるべきものである。いみじくも国際連合教育科学文化機関憲章（ユネスコ憲章）には、「戦争は人の心のなかで生まれるものであるから、人の心のなかに平和のとりでを築かねばならない」「戦争は、……無知と偏見を通じて人間と人種の不平等という教義をひろめることによって可能にされた」と記されている。

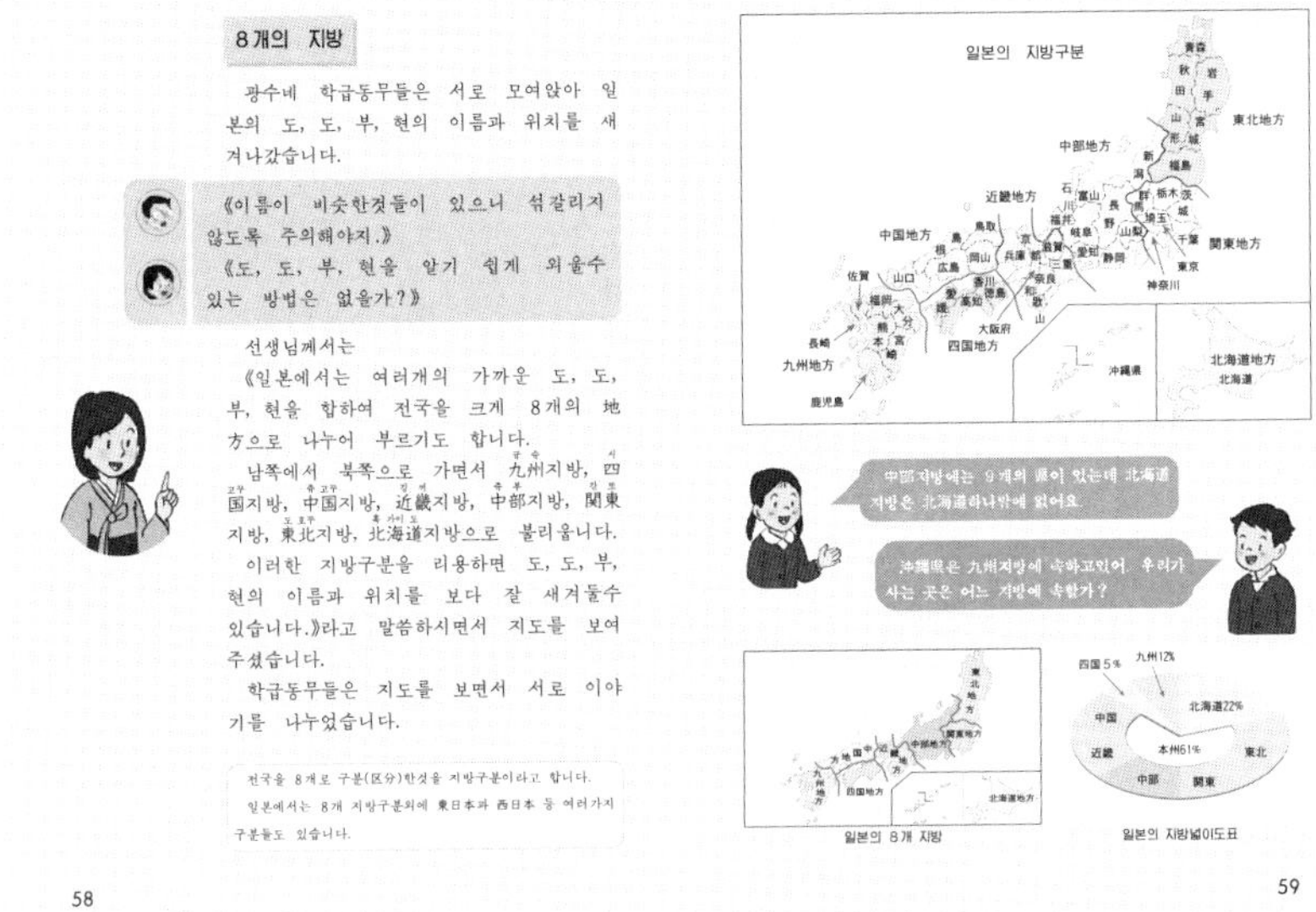

8개의 지방

광수네 학급동무들은 서로 모여앉아 일본의 도, 도, 부, 현의 이름과 위치를 새겨나갔습니다.

《이름이 비슷한것들이 있으니 섞갈리지 않도록 주의해야지.》

《도, 도, 부, 현을 알기 쉽게 외울수 있는 방법은 없을가?》

선생님께서는

《일본에서는 여러개의 가까운 도, 도, 부, 현을 합하여 전국을 크게 8개의 地方으로 나누어 부르기도 합니다.

남쪽에서 북쪽으로 가면서 九州《규슈》지방, 四国《고꾸》지방, 中国《쥬고꾸》지방, 近畿지방, 中部지방, 関東《간또》지방, 東北《도호꾸》지방, 北海道《홋가이도》지방으로 불리웁니다.

이러한 지방구분을 리용하면 도, 도, 부, 현의 이름과 위치를 보다 잘 새겨둘수 있습니다.》라고 말씀하시면서 지도를 보여주셨습니다.

학급동무들은 지도를 보면서 서로 이야기를 나누었습니다.

전국을 8개로 구분(区分)한것을 지방구분이라고 합니다. 일본에서는 8개 지방구분외에 東日本과 西日本 등 여러가지 구분들도 있습니다.

58

일본의 8개 지방

일본의 지방넓이도표

59

「社会」(初級学校４年)の教科書．日本の地方区分にかんする記述がある

日本社会と日本人との友好親善を教える教科書

朝鮮学校の教科書では、日本や日本社会についてどのように教えられているのであろうか。

朝鮮学校の教育の目的は、朝鮮人としての自覚をもつとともに、日本で暮らしながらも日本社会で十分に生きていける能力を育て、日本人とも友好と親善を深められるようにすることにある。このことから、朝鮮学校では、教科書において日本の学校の教科書を参照しつつ、日本と日本社会にかんする知識と情報を豊富に提供している。

日本と日本社会について言及している教科書には、「社会」、「世界歴史」、「世界地理」、「日本語」がある。それぞれどのような内容となっているかをかいつま

んで述べたい。

朝鮮初級学校四年の「社会」には「2．私たちが暮らしている日本」という章があり、日本の地理について記述している。初級学校五年の「社会」には「2．日本の歴史」があり、日本の学校で教えている内容にそって、その大きな流れを理解できるようにしている。初級学校六年の「社会」には「第三章　日本の諸地方と人びとの生活」があり、日本社会の政治や文化や経済について大まかに理解できるようにしている。中級学校一年の「社会」にも「第三章　日本の諸地方と人びとの生活」という内容があり、また中級学校二年の「社会」には「第三章　古代と中世の日本」がある。

高級学校二年の「世界歴史」では、第一篇で「第三章　日本での国家の成立と発展」、第二篇で「第三章　日本での武家社会の成立」などの項目があり、近現代を扱った第三篇、第四篇のなかの節においても日本にかんする記述がある。これらの内容は、日本の歴史を世界史のなかでとらえられるようなものになっている。高級学校一年の「世界地理」では、「第三篇　日本地理」において、「第一章　日本の自然と住民」「第二章　日本の経済」があり、日本の地理と経済にかんする理解を深められるようにしている。

このように朝鮮学校の教科書では、日本と日本社会について、地理、歴史、文化などを客観的な事実にもとづいてバランスよく教えているのである。また「日本語」の教科書が、日本人作家の作品を主として扱うことによって、日本の文学や文化への理解を深められる内容ともなっていることは、先に述べたとおりである。

朝鮮学校の教科書における朝鮮と日本との歴史的関係にかんする記述の目的は、すべての歴史を学ぶ目的がそうであるように、過去の歴史的事実をただ確認するだけではなく、現在と未来を切り開いていくための教訓と指針を得ることにある。

朝鮮と日本との関係史にかんする記述の第一の特徴は、朝鮮と日本との間には二〇〇〇年以上にわたる善隣と友好の歴史があることを教えていることである。

朝鮮学校の教科書では、紀元前三〜四世紀頃からの朝鮮と日本の交流の歴史について述べており、朝鮮と日本の交流の歴史が二〇〇〇年以上もあり、それが一時期を除くほとんどの時代にも続いてきたことを明らかにしており、文化交流でも深いつながりがあることを記している。

中級学校二年の「朝鮮歴史」の「1．わが国の歴史のはじまり」のなかの「古代朝鮮人の日本列島への進出」という項目では、つぎのような記述がある。

「紀元前四世紀頃まで日本は縄文文化時代にあった。こういう時期、古代朝鮮人が日本列島に渡った。……北九州地方の福岡県板付遺跡をはじめいくつかの遺跡で発掘された水田の跡、炭火米と半月刀など農器具、土器などは古代朝鮮のものと同様のものである」（九〜一〇頁）。

高級学校三年の「朝鮮歴史」の第六章「第一節　一六世紀　国の状況」のなかで「朝鮮通信使」などの朝日関係について述べた記述がある。

「一六三五年、四回目から「通信使」の名前で派遣したが「朝鮮通信使」は一六〇七年から一八一一年まで二〇〇余年間、一二回にわたって日本に派遣された。

通信使は正使と書記、通訳、学者、医師、画家、武官など五〇〇名で構成された。

日本では「朝鮮通信使」を最も高級な国家の客として迎えた」(一一一頁)。朝鮮と日本との関係史にかんする記述の第二の特徴は、永い歴史のなかでのごく一時期の不幸な歴史から歴史的教訓を学べるようにしていることである。

豊臣秀吉による朝鮮への侵略の事実、明治以降、征韓論にそった朝鮮への侵略と朝鮮を植民地支配した事実は歴史的な事実である。日本帝国主義は、どのような歴史的、社会的、経済的、国際的な条件のもとで他国への侵略をおこなったのか。日本帝国主義による朝鮮への侵略は、日本社会や日本の民衆にも苦痛と甚大な被害を与え、日本の民衆にとっても不幸なことであった。日本の民衆が好んで他国への侵略に加担していったのではない。しかしいっぽう、侵略を受けた民衆の被害の大きさは、筆舌に尽くせないものがある。それは、侵略に加担せざるをえなかった民衆の「加害・被害」と同じレベルで論じることができないことは明らかである。

侵略された民衆がその歴史を確認することも心苦しいことであるが、侵略した加害国側に属す民衆にとっても歴史を直視することは心の痛むことである。しかし、それらの事実から逃避するのではなく、現在と未来への教訓を得ることこそが大切なのである。それは「過去に目を閉ざす者は、結局のところ現在にも盲目となります。非人間的な行為を心に刻もうとしない者は、またそうした危険に陥りやすい」(ヴァイツゼッカー『新版　荒野の四〇年』永井清彦訳、岩波書店、二〇〇九年、一一頁)からである。

朝鮮学校では、歴史を直視するという視点から生徒たちに「拉致問題」についても教えている。二〇一一年三月に再版発行された高級学校三年の「現代朝鮮歴史」からは、初版(二〇〇六年)

にあった「「拉致問題」を極大化」という記述が削除されている。この字句が削除されたのは、この表現が拉致問題が公式に明らかにされてから、朝鮮学校の生徒をはじめ、在日朝鮮人にたいするさまざまな暴言や暴行、嫌がらせなどが多発した事態を表そうとした教科書の意図とはちがって誤解を生んだことを考慮したものである。

なお、二〇〇二年の日本と朝鮮の首脳会談以降における日本社会の状況について、岩波講座『アジア・太平洋戦争1』に収録された岩崎稔、シュテフィ・リヒター「歴史修正主義――一九九〇年代以降の位相」にはつぎのような注目すべき記述がある(三六二〜三六三頁)。

「二〇〇二年九月一七日に日朝国交正常化のために小泉首相が訪朝して以後、いわゆる拉致問題が焦点化すると、北朝鮮に対する敵対感情がメディアによって広範に醸成された。……「敵」としての北朝鮮に対する排外的な情動は、「歴史修正主義」がさらに浸透する土壌となり、アジア・太平洋戦争像のみならず、戦後史における帰還運動や在日朝鮮人の姿についても、その理解の水準を大きく後退させる事態を招いた」。

朝鮮学校の教科書に「拉致問題」の記述がないからといって、朝鮮学校でこの問題について教えていないということではない。朝鮮学校では、「拉致問題」について、「人間の尊厳を踏みにじる犯罪行為」であることを明確にし、この問題が明らかとなった経緯や、問題が発生することになった時代背景、拉致被害者家族たちの心情に心を寄せ、朝鮮と日本との真の友好と親善のために求められることなどについて、さまざまな資料を使いながら教えている。

朝鮮の一部の者による日本人の拉致は絶対にあってはならない許せない犯罪行為であり、拉致被害者とその家族におよぼした被害は甚大である。在日朝鮮人の由来で明らかなように、在日朝鮮人はその痛みを心に深く感じることのできる人びとでもある。なぜならば在日朝鮮人一世のなかには、「徴用」や「徴兵」などで「拉致」に等しい行為によって日本へ「強制連行」され、過酷な「強制労働」を強いられた人びとが現在も生存し、家族たちとともに暮らしており、その人たちの体験談を聴いて育っている子孫たちがいるからである。「拉致問題」が明らかにした事実は、在日朝鮮人に大きなショックを与えた。朝鮮学校では、子どもたちにこの事実をしっかり教え、朝鮮と日本の友好と平和と親善を深めていける人間になるように教育している。

なお、朝鮮学校の生徒たちの高校授業料無償化適用問題や地方自治体による朝鮮学校への補助金支給問題と「拉致問題」を結びつけるのは、筋違いの話であることは明白である。感情論ではなく理性的に考えれば、「拉致問題」という「人間の尊厳」を侵害した事実を理由として、その問題とはまったく無関係である朝鮮学校で学ぶ子どもたちの人権と「人間の尊厳」を侵害することは、新たな重大な人権侵害を生み出すことを意味しているからである。

5　朝鮮学校と日本社会
——何をどうするべきか

日本社会における朝鮮学校の存在意義

朝鮮学校は、日本社会において六五年以上の歴史を刻んできた。すでに日本社会で広く公認されており、社会的な認知を得ている。それでは朝鮮学校は日本社会のなかでどのような存在意義をもつのであろうか。

朝鮮学校が日本社会のなかで占める存在意義は、在日朝鮮人の教育ニーズを満たすのみならず、そこで学ぶ子どもたちが日本への理解を深め、在日コリアンと日本人、朝鮮半島と日本社会とを結びつける架け橋となる人材が育つところであり、日本社会に朝鮮の民族文化を紹介し日本人との国際交流を深める多民族多文化共生のシンボルとなりうるということである。「日本を知る外国の子供たちは、これからの日本にとっての宝でもある」(『朝日新聞』二〇〇五年八月二〇付社説)とする見方ができる。

朝鮮学校は、日本社会が他民族にたいし、どのような対応をしている社会なのかを雄弁に示す試金石ともなっている。国連など国際社会は、ある国における少数者の境遇は、その社会のあり方を最も顕著に示すものであるという考え方に立っている。「真理は細部に宿る」ともいえる。

朝鮮学校をめぐって日本社会に望むこと

朝鮮学校は、その設立から長い歴史のなかで日本社会においてその存在意義がより明確になり、日本人にとっても身近な存在となっている。朝鮮学校が日本社会において広く認知されていることを顕著に示している代表的な事実として挙げることができるのは、国立大学を含めすべての日本の大学への受験資格の認定、日本の高校生が出場するインターハイや選手権大会などスポーツ公式大会への参加、地方自治体による教育補助の数十年にわたる支給である。

これは、朝鮮学校が弾圧され閉鎖の危機に立たされていた一九四〇年代後半から一九五〇年代や、各種学校としての認可を否定しようとする動きが顕著であった一九六〇年代、各種学校という理由でさまざまな国家資格への受験が否認されていた一九七〇年代から一九八〇年代にかけての日本社会ではとうてい考えられないことであった。これらの顕著な変化は、日本の幼・小・中・高・大学の教育に準じる教育をおこなっている教育実態が広く知られることにより、また朝鮮学校で学ぶ子どもたちの教育条件と教育環境を改善していくことに理解を示してきた多くの日本市民や大学教員、弁護士、文化人、言論人、宗教家、詩人、企業家など各界各層の幅広い支援と協力がたゆまなく続いたことによって生まれたものであった。それは、朝鮮学校をめぐっては日本と朝鮮との政治問題や朝鮮半島情勢とは明確に切り離して子どもたちの教育問題として対応すべきであるという、日本社会の良識と成熟度を示すものであった。

現在、日本社会に望むのは、一口に言えば、日本国憲法と国際人権法を基準として、教育問題と政治問題を明確に区別し、感情ではなく理性をもって、朝鮮学校で学ぶ子どもたちの教育を受ける権利を保障することである(朝鮮学校をめぐる教育の権利保障についての法的根拠や学校段階別の権利課題、教育権利保障の歴史、今後の展望にかんする解説は、拙著『教育を受ける権利と朝鮮学校――高校無償化問題から見えてきたこと』(日本評論社、二〇一一年)を参照していただきたい)。

具体的には、朝鮮学校生徒たちへの公的補助(国と地方自治体によるもの)を他の外国人学校と差別することなく支給することであり、朝鮮学校への寄付について「指定寄付金制度」や「特定公益増進法人制度」などの税控除を認めることであり、朝鮮高級学校と朝鮮大学校の卒業生による大学や大学院などへの受験資格について「個別単位」ではなく「学校単位」による認定を認めることであり、日本学生支援機構による朝鮮学校生徒・学生への奨学生応募資格を認定することであり、朝鮮初級学校と朝鮮中級学校に通う子どもたちへの交通安全対策や学校健康保険など教育行政的サービスを適用することなどである。

朝鮮学校をめぐる当面の課題として、現在、最も焦眉の問題としてクローズアップされているのは、朝鮮高級学校への高校授業料無償化の適用問題である。

二〇一〇年四月一日から実施されている高校無償化制度は、家庭の状況にかかわらず、すべての高校生が安心して勉学に打ち込める社会を築くこと、そのための家庭の教育費負担を軽減し、子どもの教育の機会均等を確保するという趣旨をもっている。

その具体的な内容として、公立学校の生徒にたいしては授業料を無償とし、国がその分を地方自治体に支給し、私立学校の生徒については就学支援金として年額約一二万円を助成するものである。この就学支援金の支給対象には、「高等学校の課程に類する課程」をもつ各種学校である外国人学校の生徒も含まれている。すでに、二〇一〇年四月からドイツ人学校（一校）、フランス人学校（一校）、イギリス人学校（一校）、中華学校（二校）、韓国学校（一校）、ブラジル人学校（八校）、インターナショナル・スクール（一七校）の三一校が指定対象校となっている。指定校には、その後、二校の外国人学校が加わり、三三校となっている。

しかし、日本の高校段階に当たる朝鮮高級学校の一〇校が、いまだにその指定を受けておらず、二〇一〇年度と二〇一一年度の生徒たちは、在学時に受給することなく卒業し、現在も朝鮮高級学校で学ぶ生徒たちも受給できないでいる。朝鮮高級学校に在籍している生徒は、全国で約一八〇〇人にのぼる。

朝鮮高級学校が高校無償化から適用除外・遅延されていることの第一の問題点は、受給当事者である朝鮮高級学校の生徒たちに、精神的な苦痛と実際的な不利益を与えていることにある。

第二の問題点は、高校無償化にかんする日本政府の基準にも反し、教育においての行政上の露骨な差別が続いていることである。日本政府は当初、無償化の対象に外国人学校である朝鮮学校も含め、予算概算要求までしていた。朝鮮高級学校が「高等学校の課程に類する課程」をおく各種学校としてその対象となりうることは、過去に地方自治体による朝鮮学校への「各種学校」認可のための行政的な手続きのなかで明確に確認できているからであった。学校教育法一三四条では「学校教育に類する教育」を行うものを各種学校としており、各種学校規程には「授業時数」（四条）、教員（八条）、位置・施設・設備（九条）などの規定があり、その条件を満たしているからこそ認可されたのである。認可された後も、毎年、地方自治体に経営状況を報告している。

なお、高校無償化実施の際に、適用対象から除外された朝鮮学校などについて、とくに別個にその適用如何を審査するための検討会議が二〇一〇年八月に出した報告「高等学校の課程に類する課程を置く外国人学校の指定に関する基準について」では、その制度的、客観的な基準について記している。それは、「原則として「専修学校高等課程」に求められている水準を基本とする」というものであり、その指定基準を「教育課程等」「教員の資格」「施設・設備」「運営及び情報提供」の四つの項目としたのである。朝鮮高級学校がこれらの項目の基準を満たしていることは、すでに文科省への書類提出や学校訪問と調査によって確認されている。

朝鮮学校への高校無償化適用について反対する人たちのなかには「教育内容が反日教育」という口実を挙げている人たちもいるが、この基準では、「既に指定されている他の外国人学校について、教育内容を基準としていないこと」「既に指定されている専修学校高等課程について、具体的な教育活動の内容に関する基準が定められていないこと」の二つの理由により、「個々の具体的な教育内容については基準としない」としている。もちろん、これまで述べてきたように朝鮮学校の教育は「反日教育」とは無縁のものである。

朝鮮学校が高校無償化から適用除外・遅延されていることの第三の問題点は、高校無償化から朝鮮学校を除外することなどの「差別的な扱い」を排除することを日本政府に求めた国連の人種差別撤廃委員会の勧告(二〇一〇年三月)などによって、すでに国際問題化され国際社会から強い批判を受けているにもかかわらず、それを日本政府が真摯に受け入れていないという点にある。

朝鮮高級学校が高校無償化から適用除外・遅延されていることの第四の問題点は、一部の地方自治体が高級学校のみならず、初級学校、中級学校、幼稚園の段階にある朝鮮学校への従来からの公的補助を一方的に停止するなどの新たな差別を生じさせる深刻な結果をもたらしていることである。

大阪府は二〇一〇年度の補助のうち、大阪朝鮮高級学校への補助については不支給にし、二〇一一年度の補助金は府下のすべての朝鮮学校について不支給とした。東京都は、二〇一〇年度と二〇一一年度については予算は組んだが補助金を支給しておらず、二〇一二年度は予算案からも削除した。宮城県は、二〇一一年度と二〇一二年度の補助金を停止している。埼玉県は二〇一一年度については保留とし、二〇一二年度については凍結している。このような対応は保護者の教育費負担を極めて重くし、教育機会均等の保障に重大な支障をきたしており、保護者の学校選択にまで影響をおよぼしている。

当面どうするべきか

朝鮮高級学校への高校無償化適用問題は、単に朝鮮学校の生徒や保護者のみの問題ではなく、朝鮮学校をめぐる日本社会の問題であり、日本人自身の問題でもある。これらの課題を速やかに解決するために、朝鮮学校の生徒たちや親たちや教師たちは、日本社会と日本人の皆さんに何を訴えお願いしたいと考えているかについて最後に述べたい。

第一に、朝鮮高級学校への高校無償化を一日も早く適用することを求める社会世論をより高めることに力添えいただきたいということである。そのような世論の力で、現在、朝鮮高級学校で学ぶ一年から三年までの生徒のみならず、二〇一〇年度、二〇一一年度に在籍していた卒業生たちにさかのぼって就学支援金が支給されるようにすることである。

第二に、朝鮮高級学校が高校無償化適用から除外され、遅延されるなかで、それが引き金になって生じた一部の地方自治体による朝鮮学校への公的補助の停止について、高校無償化適用問題が提起された以前の水準に戻すことである。つぎに本来、在日朝鮮人による納税の実態（二〇〇八年現在で納税〔国税・地方税〕推定額は直接税のみで年間二七九六億円にのぼっている。前掲『教育を受ける権利と朝鮮学校』、七六頁）に即して、朝鮮学校への地方自治体の公的補助の水準をより高めていくように地方自治体にたいして要望の声を高めることである。

第三に、日本社会と日本人の皆さんが朝鮮学校の存在意義について広く共有し、朝鮮学校への理解をいっそう深めていただきたいということである。どのようなかたちであれ、「自分には何もできないがそうなってほしい」というような思いから脱し、生身の人間の素朴な感情と心遣いを基盤として、一歩進めて新聞に投書したり、署名に協力したり、行政当局に要望のはがきを出したりすることも可能だと思う。そのような具体的な行動が、朝鮮学校の生徒、親、教師を力強く励ますことになり、ひいては豊かな日本社会を築いていくことにつながっていくものと考える。

このブックレットの読者には、具体的な働きかけとしてどういうことが可能なのか、みずから考えていただければありがたい。

朴 三 石
朝鮮大学校教授．1954 年岐阜県生まれ．朝鮮大学校政治経済学部卒，同学研究院(大学院)修了．法学博士．専攻は法社会学，在日外国人問題．著書に『教育を受ける権利と朝鮮学校――高校無償化問題から見えてきたこと』(日本評論社，2011 年)，『外国人学校――インターナショナル・スクールから民族学校まで』(中公新書，2008 年)，『海外コリアン――パワーの源泉に迫る』(中公新書，2002 年)など．

知っていますか，朝鮮学校　　岩波ブックレット 846

2012 年 8 月 7 日　第 1 刷発行

著 者　朴《パク》 三《サム》 石《ソク》

発行者　山口昭男

発行所　株式会社 岩波書店
〒101-8002 東京都千代田区一ツ橋 2-5-5
電話案内 03-5210-4000　販売部 03-5210-4111
ブックレット編集部 03-5210-4069
http://www.iwanami.co.jp/hensyu/booklet/

印刷・製本　法令印刷　　装丁　副田高行　　表紙イラスト　藤原ヒロコ

ISBN 978-4-00-270846-1　　Printed in Japan